Harmonie bleibt Utopie

Herbert Wernicke
Regisseur und Bühnenbildner

AKADEMIE DER KÜNSTE Archiv

Arbeitszimmer von Herbert Wernicke in Basel

Inhalt

Vorwort von Albrecht Puhlmann 7
Im Berg der Träume. Erinnerungen an Herbert Wernicke
und sein allegorisches Operntheater

1 Kunst kann die Welt nicht verändern, nur ertragbar machen 19

Florentiner Intermedien von 1589
(Cristofano Mauvezzi, Luca Marenzio, Giulio Caccini,
Emilio de Cavalieri, Jacopo Peri, Claudio Monteverdi)
Phaéton (Jean-Baptiste Lully)
O Ewigkeit, du Donnerwort (Johann Sebastian Bach)
L'Orfeo (Claudio Monteverdi)
La Calisto (Francesco Cavalli)

2 Das 20. Jahrhundert der Musik hat in Wien begonnen 39

Moses und Aron (Arnold Schönberg)
Die Dreigroschenoper (Kurt Weill)
Esmée (Theo Loevendie)
Pelléas et Mélisande (Claude Debussy)
Aus Deutschland (Mauricio Kagel)

3 Operette als ironische Utopie 61

Die Fledermaus (Johann Strauß)
Der Zigeunerbaron (Johann Strauß)
¡Ay amor! (Manuel de Falla)

4 Ein so riesiger Strauss-Fan bin ich nun nicht gerade 83
Der Rosenkavalier
Elektra
Die Frau ohne Schatten (Richard Strauss)

5 Endspiele auf dem Theater 105
Theodora (Georg Friedrich Händel)
Wie liegt die Stadt so wüste, die voll Volkes war (Heinrich Schütz, Matthias Weckmann)
Actus tragicus (Johann Sebastian Bach)

6 Der Raum als Raum für die Musik 121
Hoffmanns Erzählungen (Jacques Offenbach)
Boris Godunow (Modest Mussorgski)
Fidelio (Ludwig van Beethoven)

Wolfgang Trautwein
Herbert Wernicke im Archiv der Akademie der Künste 146

Herbert Wernicke – Lebensdaten 148
Textnachweis 149
Fotonachweis 151

Vorwort

Im Berg der Träume
Erinnerungen an Herbert Wernicke und sein allegorisches Operntheater

»Lebenszeit – das ist gerade so viel, nehme ich einmal an, wie man den wunderbaren Berg der Träume, den man sich aufgehäuft hat, auch abarbeitet.« An diese ausnahmsweise einmal private Äußerung Herbert Wernickes in den durchaus nicht zahlreichen Reflexionen über sein Tun, die im folgenden dokumentiert sind, muß ich oft denken seit seinem Tod. War der Berg der Träume, von dem er spricht und den er in seinem Kopf aus Wünschen und Bildvisionen angehäuft hatte und der in vielen wunderbaren Aufführungen Bühnen-Realität geworden war, war dieser Berg wirklich schon abgearbeitet, als er – viel zu früh – im Frühjahr 2002 starb? Wenn nun anläßlich seines 60. Geburtstags am 24. März 2006 in einer Ausstellung und mit diesem Band aus Selbstzeugnissen und Bilddokumenten an den großen Regisseur erinnert wird, dann ist das gleichzeitig auch die notwendige Erinnerung an bedrohte Theaterwelten. Denn Herbert Wernickes Ansichten und Auffassungen zum Theater wurzelten tief in der Aufklärung einerseits und andererseits ganz im Barock und seinen Vorstellungen von der Bühne als Allegorisierung der Wirklichkeit. In dieser nur scheinbar janusköpfigen Tradition stehend, fand er zu suggestiven Bildern und überwältigenden Inszenierungen, die aber heute leider zunehmend als verzichtbar für ein Theater des 21. Jahrhunderts gelten. Doch gehören sie – ganz im Gegenteil – immer noch zum Besten, auf das es sich zu besinnen lohnt.

Fragte man den Augenmenschen Herbert Wernicke, wie sich dieser wunderbare Berg der Träume in ihm aufgehäuft habe, so kam er immer wieder auf den ersten seine Theaterlaufbahn prägenden Eindruck zu sprechen. Er erzählte von seiner Kindheit in Museen. Wernickes Vater war Gemälderestaurator, ein Fachmann für niederländische Malerei. Die Familie lebte in Dienstwohnungen des Herzog Anton Ulrich-Museums in Braunschweig und des Rijksmuseums in Amsterdam. Nachts, so die private Mythologie Herbert Wernickes, begleitete der Knabe seinen Vater auf Inspektionsgängen durch die Säle. Im Halbdunkel, nur von einer Taschenlampe angestrahlt, sah das Kind Darstellungen von Judith und Holofernes, von Salome mit dem Kopf des Jochanaan, rätselhafte Gestalten und Gesichter, theatralische Bilder von Schönheit und Schrecken, die sich dem Jungen unauslöschlich einprägten. Nicht zufällig erhellte später in Wernicke-Inszenierungen, wie etwa in Händels *Alcina*, der Schein einer Taschenlampe das Dunkel der Bühne, wenn Figuren unverhofft in theatralische Gegenwelten eintauchten. Der hin- und herhüpfende Lichtstrahl wurde zum Bühnenmittel, um den Rätseln und dem Zauber dieser Welten auf die Spur zu kommen. Und wie jene Künstler, die er durch seinen Vater kennenlernte, jene Schildermaler Hollands in dessen Goldenem Zeitalter, war auch Herbert Wernicke ein Leser des Alten Testaments.

Solange ich ihn kannte, begleiteten ihn die Geschichten vom alten König David, las er die Bücher Samuels oder hörte die Psalmen Davids in der Vertonung durch Heinrich Schütz. Ich erinnere mich genau der Nächte Anfang der achtziger Jahre, als wir uns kennengelernt hatten und er mir mit allem Enthusiasmus den musikalischen Kontinent näherbrachte, den er in den kommenden Jahren der Opernbühne erschließen sollte. Heinrich Schütz, Georg Friedrich Händel, Johann Sebastian Bach, Jean-Philippe Rameau, Jean-Baptiste Lully, Henry Purcell – das war die Musik, in der er lebte, deren theatralische Qualitäten für ihn und dann auch für viele Besucher seiner Aufführungen zur Offenbarung werden sollten. Vieles hat sich später erst durch die Theaterarbeit erfüllt, was damals schon zur Realisierung drängte – war also zu jenem »Berg der Träume« aufgehäuft. Die letzten Basler Arbeiten *Wie liegt die Stadt so wüste, die voll Volkes war* und *Actus tragicus* sind sein Vermächtnis an uns: barocke Allegorien von Tod und Vergänglichkeit, Vanitas und Melancholie. Die Erinnerung geht zu jenem alten König David, der im Schütz-Abend unter die Bewohner seiner Bühnenwelten trat und herzzerreißend um seinen Sohn Absalom trauerte.

Johann Sebastian Bach war das Zentrum seines musikalischen Denkens. Kein Opernkomponist also war ihm der wichtigste Anreger; die *Kunst der Fuge* erhob er gar in *Actus tragicus* zur Musik gewordenen Architektur seines eigenen bühnenbildnerischen Denkens. Geprägt durch protestantische Tradition erzählte Herbert Wernicke in immer neuen Anläufen von der Leere einer entzauberten Welt. Deshalb interessierten ihn Bühnenbild gewordene Allegorien als erstarrte Symbole des Glaubens. Er fürchtete bis zuletzt, bis in seine Konzeption von *Israel in Egypt*, die Pest des Fundamentalismus als die große Gefahr unserer Zeit. Märtyrer waren für ihn Terroristen des Glaubens. In Szene gesetzt hat er das zwingend in seiner *Salome*-Inszenierung 1989, die ganz aus der Perspektive Jochanaans am Grund der Zisterne entstand.

Eine berühmte Regieanweisung der deutschen Dramenliteratur, sie stammt aus einem barocken Schauspiel von Andreas Gryphius, lautet: »Der Schauplatz lieget voll Leichen-Bilder / Cronen / Zepter / Schwerdter etc. Vber dem Schau-Platz öffnet sich der Himmel / Vnter dem Schau-Platz die Helle.« Dieser vertikale, durch seine Zerrissenheit zwischen Himmel und Hölle so beeindruckende Entwurf hat das Bild vom Barock geprägt – und das Theater von Herbert Wernicke mit seinen Endspielen als Farce und Trauerspiel. Denn auf barocker Allegorie gründen viele seiner Bühnenbilder, die für ihn immer erst dann ihren Sinn ganz erfüllten, wenn sie die Idee des Stückes schlaglichtartig verdeutlichten. Es ging ihm um den Gehalt des zu Erzählenden und die Sinnfälligkeit einer Bühne, die aus Musik und Atmosphäre geboren war. Zwar war Herbert Wernicke ein Schüler Rudolf Heinrichs, des großen Bühnenbildners von Walter Felsenstein, und wurde rasch auch dessen Assistent, vom Ansatz aber lassen sich kaum unterschiedlichere Auffassungen vom Theater denken als die Felsensteins, Heinrichs und Wernickes. Ihn interessierte gerade das Verlassen der puren Realität, ihn interessierte die hochgradige Stilisierung, er war angezogen von sinfonischer Musik und ihrer Übertragung auf die Opernbühne, er inszenierte die Subtexte und Metaebenen aus Entstehungszeit, Spielzeit und Jetztzeit. Realismus war Wernicke dabei eine mögliche Ausdrucksebene, Allegorik im beschriebenen Sinne eine andere. Immer wollte er Antworten geben und Stellung beziehen. Von der zweifelnden, fragenden Haltung der ihm nachfolgenden Generation und deren Abdriften ins private und kleinbürgerliche Milieu hielt er nichts.
Er mußte die Oper immer neu für sich und sein Publikum erfinden. Häufig stand deshalb der leere Raum am Beginn einer Aufführung. Mitte der achtziger Jahre gab es einen Komplex von Stücken, der sich

zu einem Zyklus über die barocke Idee vom Goldenen Zeitalter fügen sollte. *Florentiner Intermedien von 1589*, sechs Allegorien antik-mythischer Heldengeschichten, begannen im leeren weitaufgerissenen Theaterraum mit einem Vorsingen. Die Erfindung der Oper wurde unmittelbar umgesetzt, ihre Entstehung aus dem Geist des Absolutismus *und* Humanismus. Über eine bilderreiche phantastische Visualisierung der mythologischen Szenen führte der Theaterabend in die »Überwindung« der Oper durch ein bürgerliches Publikum im Konzert als Festakt. Wernicke inszenierte den Fürsten und dessen Theater. Es war seine großartige Idee, Macchiavellis Fürstenspiegel *De Principe* dem Stationendrama der sechs Intermedien zu unterlegen. Daraus erwuchs eine Tragikomödie der Macht und zugleich eine Hommage an die Musik und das Theater im geschützten Raum der Auftragskunst.

Herbert Wernicke war interessiert an der subversiven Kraft der Staatsdienerin Musik unter gewissermaßen archaischen Gewaltverhältnissen. Ihn interessierten die Gewissensentscheidungen in den Dramen des Barock, die zu weltgeschichtlichen Katastrophen führten. Ihn fesselten die anthropologischen Konflikte, die noch nicht durch eine alles sättigende Warenwelt auch im Kulturgeschehen überdeckt waren. Für Herbert Wernicke war die manichäische Welt des Barock nicht erledigt durch einen deutschen Idealismus. Für ihn stand im Gegenteil mit *Fidelio*, den er bei den Salzburger Festspielen 1996 inszenierte, von vornherein das Oratorische oder, um mit Adorno zu sprechen, Hieratische und Kultische im Vordergrund. Er hielt sich dabei an ein Fragment von Adorno über Beethovens *Fidelio*: »Es wird darin die Revolution nicht dargestellt, sondern gleichwie in einem Ritual wiederholend nachvollzogen. Keine Spannung, nur die Wandlung: (Opfer!) Exzentrische stilisierte Einfachheit der Mittel.« Illusionslosigkeit prägte insgesamt Wernickes Arbeiten für Salzburg. Am ergreifendsten vielleicht in seinem *Boris Godunow* von 1994. Wieder begann die Oper vor leerer Bühne. Mussorgskis Gottesnarr öffnete im Bühnenhintergrund den Vorhang, hinter dem eine endlose Zahl von Porträts der Herrschenden Rußlands vom ersten Zaren bis zu Boris Jelzin gleich einem Memorial und Mahnbild angebracht war. Wernicke unterlegte seinem Aufführungskonzept eine Aussage Lew Tolstois von 1908: »Geschichte wäre eine ausgezeichnete Sache, wenn sie nur wahr wäre.« Die Wahrheit spricht allein der Narr am Schluß: »Bald kommt der Feind / und die Finsternis bricht an. Finstere Finsternis, undurchdringlich.«

Vielen Inszenierungen von Herbert Wernicke aus 24 Jahren Regiearbeit ist diese Illusionslosigkeit des Weltbildes gemein. Sie spricht sich in der VII. Geschichtsphilosophischen These von Walter Benjamin aus – »Es ist niemals ein Dokument der Kultur, ohne zugleich eines der Barbarei zu sein« –, mit der von Benjamin selbst vorangestellten Devise Brechts aus der *Dreigroschenoper*: »Bedenk' das Dunkel und die Kälte / In diesem Tale, das von Jammer schallt.«

Die heilige Melancholie, eine Anthologie über dieses Phänomen seit der frühen Neuzeit, lag immer griffbereit auf seinem Schreibtisch, der nun auch im Zentrum der Ausstellung steht. Vielleicht ist es bei ihm so gewesen, daß erst die tiefe Einsicht in die traurigen Abgründe der menschlichen Seele den heiter-bösen Blick auf das Phänomen Operette lenken konnte. Von *Wiener Blut* über *La belle Hélène*, *Im Weißen Rössl* bis zu *Die Fledermaus* spannte sich der Bogen. Die Operetteninszenierungen gerieten ihm zu einem Zyklus über ein gesamteuropäisches Phänomen, bei dem Geschichte nur als Hintertreppenwitz erfahrbar war. Die Schäbigkeit, mit der in einer heruntergekommenen Amüsiergesellschaft geliebt und gestorben wurde, setzte er mit einer gewissen Rabiatheit in Szene – zum Nutzen der Gattung.

Herbert Wernicke war ein großer Liebhaber und Kenner des Flamenco. War es in den frühen Jahren die Barockmusik, der er sich intensiv widmete, so kam später die andalusische Musik von Serrana, Sevillanas, Zapateado oder des Fandango und Flamenco hinzu. Auch hier kann man davon sprechen, daß Herbert Wernicke einen verschollenen Musikkontinent für die Bühne entdeckte. Zunächst mit der Inszenierung von zwei Zarzuelas, ganz bestimmt dann mit seinem Doppelabend *¡Ay Amor!*, an dem er die Musik von Manuel de Falla und dessen *El amor brujo* und *La vida breve* zu einem Theaterabend verband, der in Basel, Brüssel, Venedig und Lissabon gezeigt wurde.

Die Bilder seiner Inszenierungen gehen einem nicht aus dem Sinn: der Schlund, in dem er, karg und konsequent sich der Illustration verweigernd, die Tragödie von *Lulu* spielen ließ; das Theater auf dem Theater in der Darmstädter *Alceste* von Lully als Maskenspiel zur Erheiterung einer höfischen Gesellschaft, der die Tragödie der Alceste allenfalls eine gefühlvolle *folie* war. Überhaupt Maskenspiele: Selbst ein großer Sammler alter Masken, war Herbert Wernicke ein Künstler der Verwandlung und Anverwandlung, zeigte er gern eine zeitgenössische Gesellschaft, die sich nach und nach in Skythen, Trojaner oder Elfen wandelte. Die Erfindung der Oper selbst hat er immer wieder und nachvollziehbar thematisiert. Im leeren Raum suchte er die Anfänge, suchte er den Ursprung – und schaffte vielleicht dadurch die große emotionale Nähe der Zuschauer zu den alten Stükken.

Wollte man versuchen, die Vorlieben Wernickes für Allegorie und Barock, für Melancholie und Altes Testament begrifflich zu vereinigen, so fiele einem das berühmte Wort aus Max Webers *Protestantischer Ethik* von der innerweltlichen protestantischen Askese ein, die Wernicke mit einer geradezu katholisch anmutenden Wiedereinsetzung der Theatermagie als Heilmittel beantwortete. Dies war das Spannungsfeld, das seine Aufführungen so theatralisch und sinnlich faszinierend machte, das war es, was ihn an Händel als einem im barock-katholischen Italien ausgebildeten Komponisten anzog. Immer erzählte Herbert Wernicke in seinen Aufführungen Menschengeschichte, nie Göttergeschichte. Auch da, wo die Götter in das Bühnengeschehen eingriffen, waren sie die Operettenhelden im todernsten Spiel. Sei es in seiner *L'Incoronazione di Poppea* für Gelsenkirchen 1987 oder in der wunderbaren Vergegenwärtigung des venezianischen Barock in Francesco Cavallis *La Calisto* für Brüssel 1993. Auch hier dominierten der (Theater-)Himmel und die (Theater-)Hölle das Geschehen. Dazwischen der Mensch in seiner Liebesnot. Und wo in den Oratorien- oder Kantateninszenierungen zu Musik von Schütz, Bach oder Händel von Gott geredet wurde, war es nur, um dessen Abwesenheit zu zeigen. Für Wernicke wurde im Ritus und im Pilgerchor die Bühne selbst zum Oratorium, in ihm vergegenwärtigte sich das Göttliche im Status radikaler Infragestellung. In diesem Sinne war das Barocktheater Herbert Wernickes bis zu *Moses und Aron* oder der *Don Quichote*-Uraufführung zu Cristóbal Halffters Musik für Madrid immer im Sinne einer europäischen Aufklärung inszeniert – diesseits eines barocken Jammertals und jenseits bürgerlicher Lebenslügen.

Zur Erbaulichkeit jedenfalls taugte eine Wernicke-Inszenierung nie. Ihm war ein Satz Franz Borkenaus aus seiner *Abhandlung zur deutschen Geschichte* wichtig: »Wo sich die Macht als Erlöser aufspielt, werden alle Dämonien der Erde losgelassen.« Dieses Erlösungsverlangen gerade in der deutschen Geschichte – es war ihm zutiefst unheimlich – versuchte er, an und mit der Musik zu enthüllen. Wie für viele seiner Generation, die in den Trümmern deutscher Städte groß geworden war, wurde sein Denken von der Katastrophe des Nationalsozialismus geprägt. Sie war der heimliche Bezugspunkt jeder Allegorisierung von Bühnenwelten, sei es in der Inszenierung von Zemlinskys *Kreidekreis*, sei es im Brüsseler *Ring*. Wernickes endzeitliche Allegorien waren mit Bildern des Erinnerns und Bildern des Eingedenkens gesättigt: so in seiner Basler *Winterreise*, in der über die Dauer des Liederzyklus langsam eine große Kofferwand den Raum der Bühne von dem des Zuschauerraums abtrennte, oder in seiner Inszenierung von Mauricio Kagels *Aus Deutschland*, die eine Trümmerlandschaft aus geborstenen Flügeln zeigte, deren heimlicher Bezugspunkt Caspar David Friedrichs Bild *Das Eismeer* war. Dieses Bild faßte die Gestimmtheit einer Epoche, die für ihn nicht zu Ende war, in ein grandioses Bühnentableau. In ihm wurde in Bild und Aktion der romantische Gedanke aufgehoben und verschärft. Ein Todesgedanke, der zwar vom allegorischen Trümmerberg der Geschichte ausging, aber gleich Friedrichs berstendem Eis unter aufbrechendem Himmel die Möglichkeit beschwor, daß »aus dem zertrümmerten Lande eine andere Zeit und anderes Verlangen nach Klarheit und Wahrheit« (Caspar David Friedrich) hervorgehe. Auch da also, wo die Finsternis der Wernickeschen Aufführungen auf den zerstörten Humanismus verwies, lag Hoffnung im Reichtum der musikalischen und szenischen Möglichkeiten.

Von Anfang an stand seine Opernarbeit für die berückende Verbindung von Realismus und Parodie, von Skepsis und Utopie, von Ironie und Verzweiflung, von Aufklärung und Wahn, von Komik und Trauer. Sie verdichtete sich in seinen späteren Arbeiten, aber auch in seiner Beschäftigung mit der sogenannten »leichten Muse« zu einer fast schon ekstatischen Form von Melancholie, wie sie den großen Liebenden wohl eigen ist.
Erinnert sei an seinen dramaturgischen Ausgangspunkt, die drei Ebenen aus Handlungszeit, Entstehungszeit und Jetztzeit zu kombinieren und virtuos zu verschränken. Die Haltung von Herbert Wernicke zum Repertoire war dabei deutlich: Man sollte hören und staunen, wie weit der Geist schon war, und berührt werden durch die alten Stücke und durch das, was sie uns noch heute über die Sorgen und Ängste des Menschen zu sagen haben.
Herbert Wernicke war ein Meister der Abstraktion. Nie verriet er das Theater an eine Zeitgenossenschaft, die nur abbildlich war. Realismus und Poesie, das abgewandte Gesicht unserer profanen Welt, interessierten ihn ganz besonders. Darin war er proteushaft, nie könnte man seine Ansätze auf einen generellen Begriff bringen. Stilbildend war er deshalb nicht, weil immer aus den Stücken selbst entwickelt war, was dann Bühnenbild und Regie wurde. Überraschen wollte er – und das ist ihm in über dreißigjähriger Arbeit gelungen. Am ehesten ließen sich Herbert Wernickes Bühnenarbeiten mit dem Schlagwort vom »magischen Realismus« definieren. Er trug einen Bilderschatz in sich, jenen Berg aus Theaterträumen, der ihn zu Assozia-

tionen und Korrespondenzen befähigte, zu Verbindungen und Gegenüberstellungen, die immer erhellend waren – bis zu den Dokumentationen in seinen Programmheften. Er wurde, wie in seiner Inszenierung zu Mauricio Kagels *Aus Deutschland* (Basel, Wien, Amsterdam, Venedig 1994) zu einem Archivar des sich im Leidschatz der Bilder kristallisierenden unglücklichen Bewußtseins der Deutschen.

Herbert Wernicke, der nichts von Theorie hielt, um so mehr aber von prägnanten Bildverbindungen und Konzeptionen, wird keinen »Nachfolger« haben. Zu groß war seine geistige Unabhängigkeit. Darin war er von radikaler Subjektivität. Aber er hat unser Denken, unsere Haltung zur Oper entscheidend geprägt.

Albrecht Puhlmann

Was ich an der Barockoper mag: Hier ist vieles so unverbraucht, so neu, weil es nichts mit dem Opern- und Theaterverständnis des 19. Jahrhunderts zu tun hat. Das fasziniert mich immer wieder. Und dann gibt es noch eine biographische Verbindung: Mein Vater war Maler und Gemälderestaurator am Amsterdamer Reichsmuseum. So habe ich diese barocke Welt auch immer wieder optisch erlebt, sie als etwas Alltägliches erfahren.[1]

1 Kunst kann die Welt nicht verändern, nur ertragbar machen

Die Affinität zur Barockoper kommt in erster Linie natürlich aus der Musik, die begeistert mich ganz einfach. Ich habe damit schon seit der Kindheit zu tun: erst als Sängerknabe und später auch als Musiker. Ebenso ziehen mich diese Stoffe an: das Mythologische, das Parabelhafte, das Ausdeutbare, das Universelle. Aber diese Stoffe müssen gut sein, und gerade bei den barocken Libretti gibt es auch viel Mist. Der interessiert mich natürlich nicht, denn ich bin kein Ausgräber, kein Opern-Archäologe.[2]

René Jacobs und Herbert Wernicke
auf der Probe zu *La Calisto*, Brüssel 1993

Ursprung unserer musikalischen und politischen Kultur

Florentiner Intermedien von 1589, die Prophezeiung des Goldenen Zeitalters und der Schrecken der Hölle von Cristofano Mauvezzi, Luca Marenzio, Giulio Caccini, Emilio de Cavalieri, Jacopo Peri, Claudio Monteverdi
Staatstheater Kassel, 28. Oktober 1984

Die Idee vom Goldenen Zeitalter ist das zentrale Thema einer Trilogie, die wir am Staatstheater Kassel seit 1984 über das barocke Welttheater erarbeitet haben.

Am Anfang standen die sechs *Florentiner Intermedien von 1589*. Unter dem Titel *Die Prophezeiung des Goldenen Zeitalters und der Schrecken der Hölle* bezog der Abend Ausschnitte aus Niccolò Macchiavellis *Der Fürst* mit ein. Die Konfrontation dieser zentralen Herrschaftsideologie der Renaissance mit den Allegorien des frühen Barock wurde zu einer Reise zurück an den Ursprung unserer musikalischen und politischen Kultur. Die Aufführung sollte das Welt- und Menschenbild deutlich machen, das uns seit der Renaissance prägt: Geltungsbedürfnis, Selbstbehauptung, das Gefühl persönlicher Einzigartigkeit und das Manipulieren anderer. Die *Intermedien* sind ein Dokument mediceischer Kulturpolitik. Auftrag und Aufgabe der Künstler war es, zum Ruhm des Zeitalters und der Auftraggeber beizutragen. Es war, im Selbstverständnis von Fürst und Künstler, durchaus das Goldene Zeitalter, in dem die Kunst der Legitimation des Fürsten zu dienen hatte. Ins Bürgerliche gewendet fordert sie dazu auf, sich mit dem Staat und seiner Macht zu identifizieren. Der Abend endete deshalb mit der Apotheose bürgerlicher Kunst: im Konzertsaal, mit einem »Festakt«.[3]

Skizze und Szenenfoto zu
Florentiner Intermedien von 1589, Kassel 1984

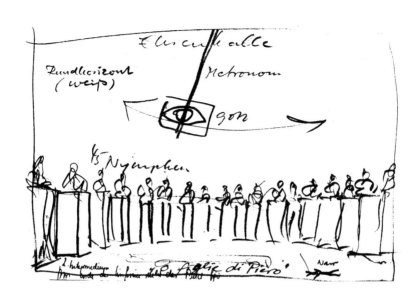

Die machtpolitische Funktion der Kunst
Phaéton von Jean-Baptiste Lully
Staatstheater Kassel, 9. November 1985

Ein Jahr später wurde die von uns wiederentdeckte Tragédie lyrique *Phaéton* aufgeführt. Mit dieser Inszenierung wurde der Bedeutung des Goldenen Zeitalters innerhalb eines anderen kulturellen Zusammenhangs, einer anderen geschichtlichen Konstellation nachgegangen. Auch hundert Jahre später, im Frankreich des 17. Jahrhunderts, dem Grand siècle, gab es die machtpolitische Funktion der Kunst. Weit mehr noch als die frühen italienischen Allegorien auf den Staat der Medicis zeigt die französische Oper die Konvergenz der politischen mit der kulturellen Sphäre unter Ludwig XIV. Die Geschichte vom Sohn, der dem Vater an Macht gleichen möchte, die Welt beherrschen will, dabei umkommt und mit sich die ganze Welt vernichtet, ist Fürstenspiegel und Warnung zugleich: Sie ist Lehrstück und Menetekel für den untergehenden Absolutismus. Phaétons Sturz fordert zur bedingungslosen Identifikation mit dem Sonnenkönig und dessen Goldenem Zeitalter auf.[4]

Szenenfoto zu *Phaéton*, Kassel 1985

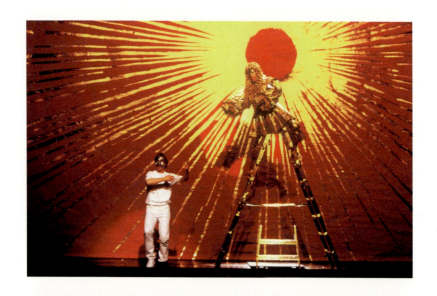

Szenenfotos zu *Phaéton*, Kassel 1985

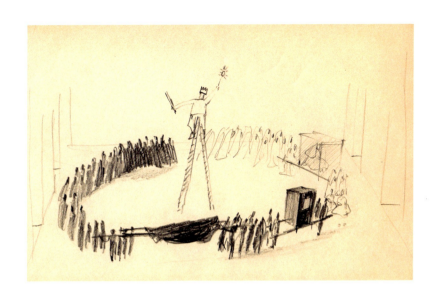

Skizzen zu *Phaéton*, Kassel 1985

Vom Warten auf das Ende der Zeit
O Ewigkeit, du Donnerwort von Johann Sebastian Bach
Staatstheater Kassel, 28. Februar 1987

Anders stellt sich dieser Topos in Deutschland, nach dem Dreißigjährigen Krieg, im Zeitalter des kleinfürstlichen Absolutismus dar: Das Grundproblem der deutschen Geschichte besteht im Auseinanderfallen von Wunschbild und Wirklichkeit beim Streben nach dem ›Goldenen Zeitalter‹ nationaler und kultureller Einheit.

Die Besonderheiten dieser gesellschaftlichen Entwicklung, die auf dem wichtigsten Gebiet, dem der Religion, das Land in mehrere Lager teilt, schlagen sich in der Kunst und ihrer Funktion nieder. Diese gründet auf der Trennung der politischen Außenwelt vom Bereich der Kunst, die allein einer machtgeschützten Innerlichkeit als Legitimation zu dienen hatte. Kunst spielte für die politische Entwicklung keine Rolle. Die soziale Stellung des Künstlers war ungleich geringer als in den anderen europäischen Staaten. Zur öffentlichen Kultur der italienischen Stadtstaaten, zu Lullys oder Molières und Corneilles Bündnis mit einem absoluten Königtum gegen den Adel, zu Händels patriotischen englischen Oratorien gibt es in Deutschland kein Gegenstück.

Bach in Leipzig zum Beispiel konnte sich nicht als Repräsentant eines realen und politisch wirksamen »Goldenen Zeitalters« fühlen. Lediglich als das »sacrum imperium« konnte er es als Inhalt des Glaubens imaginieren. Dahinter steht der Wunsch nach Erlösung durch ein heiliges Reich deutscher Nation.

Die Auswahl der vier Kantaten erfolgte allein nach dramaturgischen Gesichtspunkten. Sie orientiert sich weder an der Entstehungsgeschichte noch an der Ordnung des Kirchenjahres. Das imaginäre

Szenenfoto zu *O Ewigkeit, du Donnerwort*, Kassel 1987

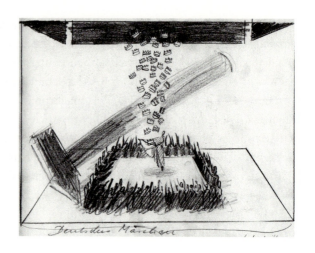

Theater der Kantaten zeichnet nach Aufstieg (*Intermedien*) und Fall (*Phaéton*) dieses barocken Topos den Weg nach, den die Idee vom Goldenen Zeitalter in ihrer spezifischen deutschen Variante genommen hat: Dieser Weg wird bestimmt von Schreckensvisionen, von einer Endzeitstimmung und von einer machtpolitisch gestützten Auslegung der Apokalypse.

Alle Kantaten J. S. Bachs handeln vom Warten auf das Ende der Zeit, das Ende der Welt, das Ende der Menschheit. Nur für den, der den Raum des Wartens verlassen kann, gibt es noch Zukunft.[5]

Spiele des Eros und der Macht
L'Orfeo von Claudio Monteverdi
Residenzhof, Salzburger Festspiele, 27. Juli 1993

Manuel Brug: Barocke Opern fordern oft zu Bearbeitungen auf oder müssen sogar komplettiert werden, weil sie nicht vollständig überliefert sind. Wie groß ist hier die Freiheit eines Regisseurs? Wie weit darf er gehen?

Da gibt es natürlich Extreme. Monteverdis *Orfeo* ist nicht zu bearbeiten. Das Stück wurde gedruckt, da ist alles festgelegt. Außerdem ist diese Oper vollkommen. Da kann man nichts streichen. Da ist eine unglaubliche Symmetrie mitkomponiert. Jedes Ritornell, jede Wiederholung ist motiviert, da hat der Regisseur nicht dazwischenzufunken.
[...]
Bürgerlichkeit, Künstlerproblematik, Außenseitertum, das zieht sich wohl wie ein roter Faden durch Ihre Inszenierungen?

Wie im Salzburger *Orfeo*. Die Wechselwirkung von Kunst: Jeder braucht sie, aber wie ist sein Verhältnis zu ihr? Ich bin da totaler Pes-

simist: Die Kunst kann die Welt nicht verändern, sie kann sie nur ertragbar machen, sie bereichern. Deswegen blieb in meiner Salzburger Fassade der Riß im Weltgefüge, da fügte sich nichts zusammen.
Verzweifelt man da nicht als Regisseur?
Auch der Sänger Orfeo verzweifelt und leidet. Aber er braucht diese Erfahrungen für seine Kunst.
Sind Sie eigentlich ein extremer Mensch? Sie oszillieren immer so zwischen tragisch und saukomisch.
Ein Gemeinplatz, aber das Komische ist natürlich immer das Schwerste. Natürlich muß es immer ein Nebeneinander beider Elemente sein. Das macht Theater aus, und aus diese Symbiose ist etwa

Fotocollage zu *L'Orfeo*, Salzburg 1993

auch der *Orfeo* entstanden. Ich finde auch die Musik bisweilen sehr grotesk, da findet sich viel von der alten Madrigalkomödie. Man weiß auch, daß Monteverdi ein sehr komischer Mensch war; man kann es in seinen Briefen nachlesen – ein sehr shakespearehafter Geist. [...][6]

Der Auftraggeber und sein Diener

Mario Gerteis: Sie haben Orfeo *in Salzburg im offenen Residenzhof angesiedelt.*
Am liebsten hätte ich das Stück in einem Innenraum gemacht und damit die Situation des Auftraggebers, des Herzogs von Mantua, reflektiert. Ich wollte mir einen eigenen Raum schaffen, so kam ich auf den Residenzhof; hier hatte ich durch die Enge und Höhe des Hofes das Gefühl, in einem Innenraum zu sein. [...]
Also, prototypische Barockoper mit allegorischen Figuren und Auftritten des Fürsten, das wollte ich nicht. Ich wollte mich mit der Gesellschaft im damaligen Mantua und mit der Situation des Künstlers auseinandersetzen: der Auftraggeber und sein Diener. Wie weit darf der Künstler gehen? Wie weit wird er toleriert von einer bestimmten Schicht, wie weit treibt man ihn ins Leid?
Der Künstler somit als Entertainer, sogar als Narr der Gesellschaft?
Das kann man so sagen. Ich habe versucht, auf die Person Monteverdis selber zurückzugreifen; denn das war seine Situation am Hof zu Mantua. Damit gibt es im Finale auch keine Apotheose mit Gottvater Apollo. Es ist ein trauriger Schluß. Der Künstler, der die Pflicht erfüllt hat, wird in seiner Not allein gelassen. [...] Das war das wesentlich Neue bei Monteverdi. Zuvor war alles nur allegorisch zu verstehen; antike Stoffe hatten mit der zeittypischen Situation nichts zu

tun. Jetzt mit einem Male sind es menschliche Geschichten, Spiele des Eros und der Macht. Leidenschaften werden entfesselt – damit beginnt echtes Musiktheater.

Gehen wir noch einmal zur Modernität Monteverdis zurück. Worin besteht sie überhaupt?

Ich glaube, das grundsätzlich Moderne von Monteverdi liegt in der Musik. Er hat den nur schönen Klang, der über den Text hinweggeht, verlassen. Er schaffte den erzwungenen Gesang ab und erfand den freien Gesang. Damit gelangte er zu einer extremen Wahrhaftigkeit der Gefühle. Das war sein direktes Ziel, das unmittelbare Umsetzen von Textrealität in Töne. Er lehnte sogar einmal einen Auftrag ab mit der Begründung, es gäbe zu viel Sturm und herumschwirrende Vögel auf der Szene, das könne er nicht komponieren. Ihn interessierte nicht das Heulen des Sturmes, sondern der Ausdruck des Menschen im Sturm. Also: Innenansichten und nicht Außenansichten.[7]

Da muß man eingreifen
La Calisto von Francesco Cavalli
Deutsche Staatsoper, Berlin, 11. Februar 1996

Von Cavallis *Calisto* gibt es keine definitive Fassung. Es existiert ein überliefertes Textbuch und überlieferte Musik, die ist teils von Cavalli, aber aus verschiedenen Schaffensperioden, teils von anderen. Das war eben venezianische Aufführungspraxis, das war immer schon ein Pasticcio, wie bei Händels italienischen Opern. Bei einem solchen Stück muß man eingreifen. Da haben René Jacobs und ich jede Länge und Position festgelegt, da wurde gestückelt und ausprobiert. Trotzdem ist eine stilistische Einheit herausgekommen.[8]

Szenenfoto zu *La Calisto* mit Graham Pushee und Louise Winter, Berlin 1996 (Übernahme aus Brüssel, 1993)

Szenenfotos zu *La Calisto* mit Graham Pushee und
Louise Winter, Berlin 1996 (Übernahme aus Brüssel, 1993)

Szenenfoto zu *La Calisto* mit Marcello Lippi und Maria Bayo,
Berlin 1996 (Übernahme aus Brüssel, 1993)

Die Wiederentdeckung der Spielfreude

Wenn man sich mit der Materie beschäftigt, dann stellt man erst fest, wie schwer diese Formen optisch zu füllen sind. Eins zu eins eine Vorlage in ein Bühnen-Bild umzusetzen – das ist meine Sache eigentlich nicht. Ich suche mehr den heutigen Kontext und komme meist auf viel einfachere Lösungen, als sie sich die barocke Maschinerie jemals vorgestellt hat. Etwas nur zu rekonstruieren – dazu habe ich keine Lust. Wenn man die alten Stiche sieht, was sich da ereignet, was da alles durch die Lüfte fliegt, das würde heute keine Gewerkschaft mehr erlauben, noch kann man diesen Aufwand überhaupt bezahlen. Natürlich ist auch das Publikum ein anderes. Diese Stoffe einem Publikum nahezubringen, so daß sie nicht alt, sondern lebendig wirken, dazu genügt nicht die Übertragung einer scheinbar historischen Realität auf eine heutige Bühne, das funktioniert nicht. Anders ist das – so wie ich es verstehe – mit der Musik. Wenn man sich hier um Authentizität bemüht, dann geht es nicht darum, einen Klang so wiederzubeleben, wie er sich einmal anno 16-irgendwas vielleicht angehört hat, sondern um die Wiederentdeckung einer ganz bestimmten Spielfreude, um die Verwendung historischer, für uns heute direkt exotisch anmutender Instrumente.[9]

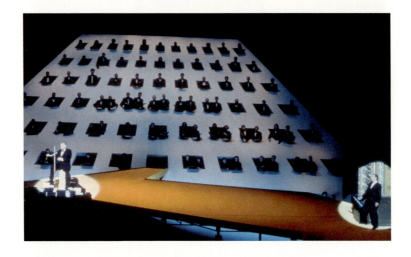

Durch die Musik wird diese exaltierte, künstliche, übersteigerte Art von Theaterspielen erst möglich und eröffnet ungeahnte Perspektiven. Ich bin immer auf der Suche nach einer Welt, die sich eben nicht einfach abbilden läßt, sondern die erst entworfen werden muß. Zusammengehalten wird diese Welt von der Partitur.[10]

2 Das 20. Jahrhundert der Musik hat in Wien begonnen

Ich habe einfach eine Vorliebe für den umbauten Raum. Der kann abstrahiert sein oder ein Theater. Wichtig ist für mich in jedem Fall die Durchdringung der Innen- und der Außenwelt. Und die Außenwelt ist auf der Bühne eben schwer nachzuvollziehen. Für mich ist die Bühne als solche schon ein Innenraum. Und so wird ein Außenraum im Stück für mich immer gleich nach innen abgegrenzt. […] Theater hat immer auch mit Voyeurismus zu tun. Ich schaue sehr gern in die Fenster anderer Leute und hinter Türen. Das tut eigentlich jeder. Schon der Vorhang öffnet doch ein Fenster. Ist er zu, verbirgt er ein Geheimnis. Man fragt sich, was ist wohl dahinter? Ich will in die Räume meiner Figuren schauen, will wissen, wo ihre Konflikte herkommen, ihre Gedanken entstehen. Sie entstehen ja nicht auf einem Platz, sondern in der Privatsphäre.[11]

Szenenfotos zu *Moses und Aron*, Paris 1995

Die Kunst des Weglassens
Moses und Aron von Arnold Schönberg
Alte Oper, Frankfurt am Main, 12. Mai 1990

Das ist ein Berg aus Büchern, die zu Beginn brennen. Auf diesem Bücherhaufen steht Moses, mit *seinem* Buch in der Hand – das sind sie Gesetzestafeln und das wird so brennen. [...]
Moses und Aron ist ein Lehrstück über die Kunst des Weglassens, d.h., den großen Gedanken als großen Gedanken stehenzulassen. Es ist, ich übertreibe das jetzt, auch ein Lehrstück für Künstler. Die einzige Aktion des Chores ist das Verlassen dieses Hauses zum Exodus. Über den Zuschauerraum, in Konzertkleidung, ziehen sie mit einem Spaten aus dem Theater.[12]
Wir inszenieren ein Stück, das unglaublich aktuell ist; und zwar so aktuell, daß eine Aktualisierung eine Gefahr bedeutet. Die Sprache dieses Stückes, die irgendwo zwischen dem hymnischen deutschen Expressionismus und dem »Privat-Expressionismus« Schönbergs liegt, ist so abstrakt, daß eine banalisierende Übertragung auf eine Realität – wie beispielsweise die Begegnung von Deutschen und Deutschen – nicht möglich ist. Ich werde deshalb keine aktualisierte Aufführung dieser Oper machen. Ich werde nicht zeigen, daß Moses der Erfinder der Atombombe oder eine ähnlich reale Person ist, ich werde aber auch nicht zeigen, wie Moses, von Burt Lancaster gespielt, mit dem israelitischen Volk durch die Wüste zieht, als sei es ein Oberammergau in Jerusalem. [...]
Ich sehe dieses Stück ähnlich wie es Schönberg sah, nämlich als Parabel, als Gleichnis auf seine Zeit und als Reaktion auf das, was in der Zeit vor 1933 geschah, so, wie auch im Alten Testament die Legende um Moses eine Parabel ist. Dieses Spiel zwischen den beiden, Moses

Szenenfoto zu *Moses und Aron* mit Aage Haugland und Philip Langridge, Paris 1995

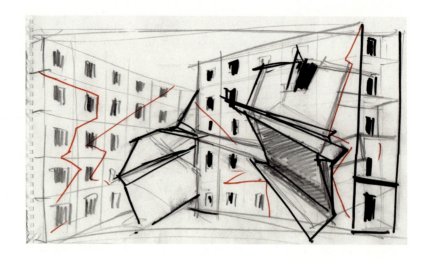

und Aron, *und* dem Volk will ich zwar auf heute übertragen, aber in seiner Parabelhaftigkeit belassen, und das heißt: in allergrößter Abstraktion. Damit soll jedem Zuschauer die Möglichkeit gegeben werden, sich selbst »ein Bild zu machen« und vor allem Partei für Moses oder Aron zu ergreifen. Die zentrale Problematik in dem Stück ist die: Das Stück heißt *Moses und Aron*, und es erscheint immer als »dritte Kraft« oder »dritte Person« der Chor und »die Anderen«, wobei »die Anderen«, die vielen wichtigen anderen Rollen, Vertreter aus dem Volk, Stimmen aus dem Volk sind.

Ich denke, das Stück ist weniger in dieser »Dreihaftigkeit« – dem Konflikt zwischen Moses, Aron und dem Volk – zu sehen, sondern vielmehr in einer »Zweihaftigkeit«, nämlich Moses und Aron als eine Person auf der einen und das Volk auf der anderen Seite. Daraus entsteht dann der Konflikt »Wer ist diese eine Person?«; es ist fast die Beziehung Faust – Mephisto oder, wie Gielen einmal sagte, eine

Skizze zu *Moses und Aron*, Frankfurt am Main 1990

Münze mit zwei Seiten. Der Konflikt besteht zwischen den beiden, die eigentlich im Grunde das gleiche wollen, nur unterschiedliche Mittel haben und nur zusammen *ein* Führer werden, *und* dem Volk, das mißtraut, glaubt, wieder mißtraut und schließlich davonzieht.

Ein Problem in der Gesellschaft ist ja immer die »graue«, anonyme Masse und der Einzelne, der sich anmaßt, die »Erleuchtung« zu haben durch irgendein Ereignis. Ich sage das bewußt so »areligiös«, weil es bei Schönberg über das Religiöse hinaus auch ins Philosophische geht, bis hin zur Staatsgründungsidee. Schönberg war ja besessen von der Idee eines »Weltjudentums«. [...] und als er dieses Stück schrieb, muß man sich ihn als politischen Menschen vorstellen, reagierend auf eine Zeit, als der »braune Terror« bereits begann. Es ist keineswegs Zufall, daß er nach 1933 das Stück nicht mehr zu Ende schrieb, weil das, was dann noch zu sagen gewesen wäre, von der Geschichte selbst realisiert wurde.

Eine andere These, warum das Stück nicht zu Ende komponiert wurde, ist meiner Ansicht nach die, daß Schönberg – abgesehen von den verschiedenen Textentwürfen des dritten Aktes (es gibt insgesamt drei) – als Künstler nicht mehr zurechtkam mit seinem Stück und auch mit der Idee, und darum ist diese Idee, das Fragment, so großartig.

Das Großartigste an diesem Werk ist die Einsamkeit des Moses, die Tatsache, daß am Schluß des zweiten Aktes Moses alleine ist. Die Wüste bedeutet die Emigration, die Einsamkeit, die totale Askese, die »Solitude« des Philosophen und dessen, der mit seiner großen Idee nun alleine bleibt, weil sein Mund (der Mund Gottes, aber auch sein Mund, denn das ist der Bruder Aron, der wahrscheinlich gar nicht sein leiblicher Bruder ist) gegangen ist mit denen, die auch Münder haben, aber die fressen wollen.

Ich sehe kein apokalyptisches Ende – das apokalyptische Ende ist nicht geschrieben worden –, sondern ich sehe ein sehr trostloses und trauriges Ende, nämlich daß der Chor von der Bühne geht wie in einem Exodus. Ich sehe den Exodus, es ist ein Stück über den Exodus. Man kann es mit der Situation jener Menschen vergleichen, die jetzt aus dem Osten kommen, mit ihren Koffern und ihrer letzten Habe, und die über irgendwelche Grenzen gehen in irgendein Land, von dem man ihnen gesagt hat, daß dort Milch und Honig fließen. Ich will dieses Land nicht zeigen, denn – und das ist das Geniale an dem Stück und auch am Alten Testament – dieses Land bleibt abstrakt, wie auch Moses und Aron in diesem Stück eine Abstraktion sind. D. h.: wir spielen das Prinzip.

Moses und Aron ist also ein Stück über den Exodus, damit aber auch ein Stück über das Ende einer Idee, damit ein Endspiel, damit auch ein Opern-Endspiel; es ist auch das Ende von Oper. Es ist, trotz aller Zwölftönigkeit, das Ende der großen romantischen Oper (Zimmermanns *Soldaten* könnte man noch in gewisser Weise dazuzählen). Schönberg wollte eine große Oper im Sinne der großen deutschen romantischen Oper schreiben, und es ist ihm eigentlich nur in einer einzigen Szene wirklich gelungen: Das ist beim »Tanz um das goldene Kalb«. Diese Szene erlaubt alles. [13]

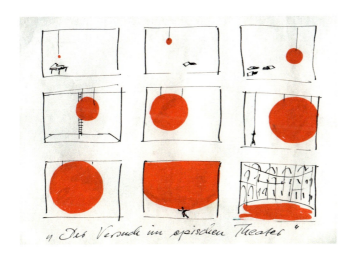

Provokation funktioniert heute nicht mehr
Die Dreigroschenoper von Kurt Weill
Schauspielhaus, Zürich, 4. März 1995

Das Stück spielt wie immer im einheitlichen Raum.
Aus einer Glühbirne wird der rote Mond von Soho – er wandert im Raum. Mackie – mit der roten Kugel wie Atlas – bis Peachum sie herunterreißt wie eine Flamme vom Himmel.
Provokation funktioniert heute nicht mehr. Man muß schneller spielen, nicht ein Zeigefingertheater.
Auf den Wänden sind Sprüche, die auch heute noch interessant sind – als einfache Graffiti.
Ich wollte keine historische Revue im Stil der 20er Jahre. Ich wollte es wie eine deutsche Komödie mit Musik, also im Grunde wie ein Schwank.[14]

Skizze zu *Die Dreigroschenoper*, Zürich 1995

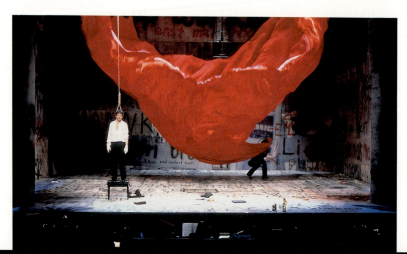

Ich will unsere Begegnung mit der Geschichte
Esmée von Theo Loevendie
Koninklijk Theater Carré, Amsterdam, Holland-Festival, 31. Mai 1995 UA

Esmée spielt in den letzten Tagen des holländischen Widerstands gegen die Naziherrschaft. Esmée ist eine tragische Heldin zwischen Widerstand und Kollaboration. Ich erinnere mich an das wunderbare Foto eines Plakats von einem spanischen Fotografen während des Bürgerkriegs – wofür er dann auch erschossen wurde. Da zerbricht ein Hakenkreuz auf einem Steinpflaster durch einen Fußtritt.
Wenn man das ins Räumliche überträgt ... Aus der Anregung dieses Plakats lasse ich das Kreuz zerbrechen – wie eine Scholle ragt es heraus. Das kann man schon nicht mehr Bühnenbild nennen, das wird eine ganz schwierige Installation. Ich werde das in dem Rot des Nationalsozialismus nehmen, so, wie sie es in ihrer Flagge hatten.

links: Szenenfotos zu *Die Dreigroschenoper* mit
Annemarie Kuster, André Jung und Jürgen Cziesla, Zürich 1995
oben: Pere Català Pic *Aplastemos el fascismo*, Plakat, 1936

Skizze und Modellfoto zu *Esmée*, Amsterdam 1995

Es wird keine Opernveranstaltung im Sinne von Literaturvertonung sein, aber ich werde das Theatralische vermeiden. Das ist durch den Raum als Vorgabe schon da. Ich will unsere Begegnung mit der Geschichte, die will ich inszenieren und zeigen. Das Stück spielt ausnahmslos in Interieurs, in einer Kirche, in einem Versteck, einer Schreibstube, einer Kneipe, in einem Zimmer usw. Diese kleinen Zimmerchen nachzubauen ist nicht wichtig und kann auch nicht mein Anliegen sein, wenn man es nicht als Dokumentarspiel zeigen will. Also gehe ich mit dem offenen Raum um, mit der Straße: Wohin führt der Weg, in welches gedachte Zimmer.[15]

Eine Materialsammlung im Kopf veranstalten
Pelléas et Mélisande von Claude Debussy
Théâtre Royal de la Monnaie, Brüssel, 21. April 1996

Gerade habe ich zugesagt, *das* augenblickliche Modestück *Pelléas et Mélisande* 1996 in Brüssel zu inszenieren. Eigentlich finde ich das ja ein langweiliges, schwieriges Stück. Dreimal habe ich schon in Aufführungen mit dem Schlaf gekämpft; jetzt will ich wissen, warum. Diese Oper in Brüssel zu machen, das war natürlich der Hauptgrund. Da versteht man die Sprache, und es ist ja ein belgisches Theaterstück – das finde ich spannend. Brüssel selbst hat ja auch so was Surreales, da paßt es sicher gut hin.[16]
Es ist wie bei jedem Stück, das erstmals aus so einem Urschwamm entsteht, eine Forschungsaufgabe: dahinterzukommen, was gemeint sein könnte, und das mit der eigenen Welt in Verbindung zu bringen, um durch Träume, Visionen oder auch etwas, was man im Alltäglichen sieht, eine Materialsammlung im Kopf zu veranstalten. Daraus

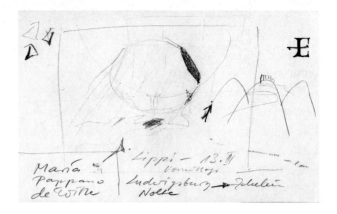

entstehen dann manchmal Bilder und manchmal nicht. Ich kann mich nicht einfach hinsetzen »und jetzt laß' dir was einfallen«, das ist eine Frage von Zeit.

Für *Pelléas* suchten wir Anregungen aus der Welt der Reptilien und Insekten. Hier hofften wir Analogien zum Werk von Maeterlinck und Debussy zu finden. Maeterlincks Untersuchungen über das Leben der Ameisen handelt eigentlich vom Leben des Menschen und von seiner Verlorenheit, von seiner Entfremdung, etwas, das in *Pelléas* sehr wichtig wird. Mélisande taucht auf wie ein Tier, wie ein Schmetterling. Dafür eine Umsetzung zu finden, ist ganz wichtig. Um Maurice Maeterlinck aus *Das Leben der Termiten* zu zitieren: »Trösten wir uns damit, daß wir uns sagen, der Intellekt sei diejenige Fähigkeit, durch die wir schließlich verstehen, daß alles unverständlich ist. Und betrachten wir die Dinge von der Tiefe des menschlichen Intellekts aus. Diese Illusion ist vielleicht alles in allem auch eine Art Wahrheit.«[17]

Skizze zu *Pelléas et Mélisande*, Brüssel 1996

Szenenfoto zu *Pelléas et Mélisande* mit Maria Bayo und Laurence Dale, Brüssel 1996

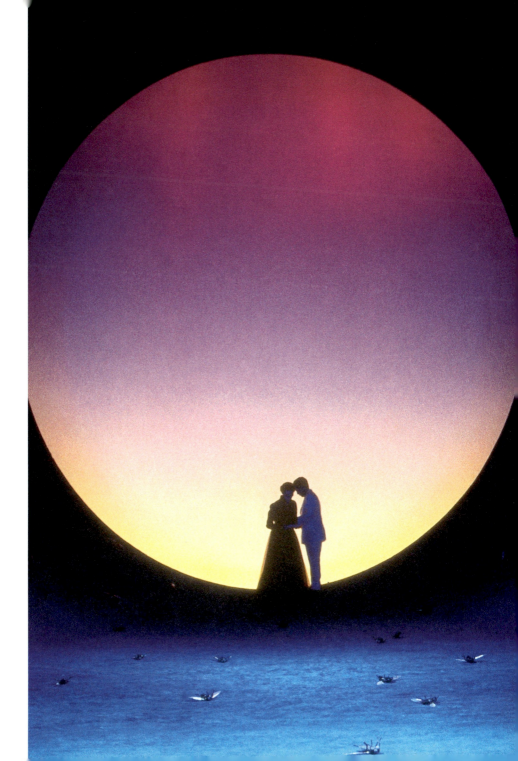

Szenenfotos zu *Pelléas et Mélisande* mit Maria Bayo,
Laurence Dale und Monte Pederson, Brüssel 1996

Mein ruiniertes Verhältnis zu Deutschland
Aus Deutschland von Mauricio Kagel
Theater Basel, 8. Oktober 1997

Frieder Reininghaus: Sie haben in den letzten Jahren wenig Schauspiel gemacht, sondern Oper, Operette; Projekte, die das klassische Verständnis von Oper in Richtung eines modernen Musiktheaters aufsprengen.
Daß ich kaum Schauspiel mache, hat vor allem damit zu tun, daß die Opernhäuser früher planen müssen und daß dann jahrelang Vorbereitungen notwendig sind, – und das bedeutet: mehr Zeit habe ich nicht. Das ist der einzige Grund. Sonst interessiert mich alles am Theater, ob es Schauspiel, Oper oder Operette ist.
Mehr Lebenszeit ...
Das ist gerade so viel, nehme ich einmal an, wie man den wunderbaren Berg der Träume, den man sich aufgehäuft hat, auch abarbeitet.
Verbindet Sie irgendetwas besonderes mit Amsterdam?

oben: Skizze zu *Aus Deutschland*, Basel 1997
rechts: Szenenfoto zu *Aus Deutschland* mit Desirée Meiser, Basel 1997

Mit Amsterdam verbindet mich ein großer Teil meiner Kindheit und vor allen Dingen mein Vater, der am Rijksmuseum als Restaurator tätig war – und überhaupt die erste Begegnung mit Museen und Malerei. Das ist Amsterdam für mich. Und die eiskalten Winter mit den zugefrorenen Grachten – das waren Volksfeste: die vielen Leute mit den Schlittschuhen auf den Grachten.
Und hat sich das in einem Amsterdamer Bühnenbild niedergeschlagen: die Eisschollen, die sich auftürmen wie bei Caspar David Friedrich …
Nein, das hat nichts mit Amsterdam zu tun, eher mit Caspar David Friedrich. […] der Grundgedanke für die Entstehung des Bühnenbildes war absolut C. D. Friedrich. Aber nicht nur die Schollen, auch die Ruinen. Auch die der anderen Maler – und auch die, die gebaut wurden, die künstlichen …
Sie haben sehr früh begriffen, daß es sich im Kern um eine »Oper am Klavier« handelt […]
Ja, es ist zunächst einmal auch eine Klavierlandschaft im musika-

lischen Sinn. Und das hat einen guten Grund: daß die deutsche Romantik das Klavier als wichtigstes Instrument benutzte; damals war Hochkonjunktur der Klavierbauer – in einer Zeit, in der jeder zu Hause seine kleinen musikalischen Dramen aufführte.

[…] eine Brechung ist bei Ihnen da. Klavier, ja, aber auch die Distanz dazu …

Ja, natürlich ist die Distanz dazu da. Und gleichzeitig auch die Distanz zu den aberwitzigen Mißverständnissen eines heutigen sogenannten »Schubertschen Liederabends«, der in der Öffentlichkeit vorgetragen wird, obwohl die Lieder ja eigentlich das Stillste, das Intimste verlangen.

Und dann hat Klavier, diese schwarze Kiste, für mich auch noch mit dem Tod, mit dem Sarg und mit der deutschen Ruine zu tun. Ich bin gerade eben nach dem Krieg geboren, ein richtiges deutsches Ruinenkind – und das ist natürlich auch eine Assoziation. […] Wie ich jetzt im Gespräch merke, habe ich sehr oft die Ruine als Thema. Und wenn ich sie nicht habe, dann zeige ich die Zerstörung – oder ich zerstöre.

Ihr Verhältnis zu Deutschland ist offensichtlich ruiniert, zumindest leicht lädiert …

Sie können schon sagen: ruiniert. Weil ich, wie gesagt, ein Ruinenkind bin, in den Ruinen gespielt und phantasiert und sie später gezeichnet habe. Und wenn ich sie nicht fand, habe ich sie gesucht. So wie Goethe die antiken auch. Und natürlich ist es so, daß, wenn man den Wiederaufbau nicht mitbekommen hat, weil ich im schönen Amsterdam gelebt habe – in etwas, was für uns Kinder Amerika war: eine ganz andere Welt. Ich spreche jetzt von den 50er und 60er Jahren. Und dann zurückkommt in die Studien- und ersten Berufsjahre und findet dann ziemlich trostlose Betongleichheiten – von Darm-

stadt bis Hannover und München eigentlich alles gleich. Und das ist mein ruiniertes Verhältnis im Ästhetischen ausgedrückt.
Und politisch diese 60er Jahre? Waren Sie denn glücklich?
Das kann ich jetzt nicht mehr so reflektieren. Ich war auch etwas zu jung, um mich als Achtundsechziger zu bezeichnen, ein politischer Straßengänger war ich nicht.
Von heute aus gesehen würde ich sagen: Es ist eine unglaubliche Geschichte, daß zu Heinrich Heines Zeiten die Liberalen entstanden und es gibt keine Liberalen mehr, die sind am Ende, und die ganze Linke ist am Ende – und ein Nachbarland baut sie wieder auf, Frankreich, da ist wieder was los.
Sie haben Ihren Wohnsitz ja klugerweise nahe genug bei Deutschland, aber Sie sind aus diesem Deutschland verschwunden, haben sich in die schöne Schweiz – die ja auch ihre feinen Tücken und Abgründe hat – zurückgezogen. Das Abseits als sicherer Ort?
Das stimmt. Es ist ein bißchen Exil, aber auch Flucht in die Ruhe. In die Stadt Basel, die nicht zu groß, nicht zu schnell, aber auch nicht zu klein ist – und die kulturell ziemlich aufmerksam und nicht so viel Schweiz ist wie z. B. Zürich. Basel ist genau an der Ecke von drei Ländern. Es ist ein gutes Heimkommen, nachdem man in so vielen anderen Städten war.
Sie sind Regisseur und kein Prophet. Dennoch, wenn Sie eine Prognose abgeben wollen: Wie wird in 10 oder 15 Jahren diese mitteleuropäische Theaterlandschaft aussehen? Anders als jetzt vermutlich ...
Natürlich. Eine so kurzlebige Kunstform wie Theater ist permanenten Wandlungen deshalb unterworfen, weil wir gesellschaftlich reagieren – nicht nur in ästhetischen, sondern auch in politischen Fragen. Hoffentlich ändert sich einiges. Es wird, so glaube ich, weniger Theater geben.

Tiefere Verwerfungen?
Es wird große Verwerfungen geben! Und nicht nur aus politischen Gründen wegen Sparmaßnahmen usw. Es wird die Notwendigkeit von Theater sehr überprüft werden. Der Publikumsschwund hat auch die Oper erreicht. Ich finde das nur gut, daß das Theater sich jetzt die Zehnjahresfrage, die Zwanzig-Jahre-Sicht-Frage stellen muß; daß es überprüfen muß, was überhaupt noch gespielt wird. Muß denn dieser Wahnsinn weitergehen, daß jeden Abend ein anderes Stück läuft und es vollständig egal ist, wie es dann läuft – Hauptsache, es läuft. Ich kann nur in Hoffnung sagen, daß das aufhört.[18]

Bühnenmodell zu *Aus Deutschland*, Basel 1997

Mich interessiert an diesen Stücken nicht so sehr, ob sie etwas taugen oder ob sie nichts taugen. Ich will nicht beweisen, daß sie ach so trivial sind und andauernd vorführen, wie blöd ich sie finde. Ich will auch nichts ironisieren, Operette ist ja schon Ironie genug. Allerdings will ich auch nicht zeigen, wie gut sie sind, also dafür kämpfen, daß sie unbedingt gerettet werden müssen. Mich interessieren die Sehnsüchte, die sich in diesen scheinbar so trivialen Stücken manifestieren und von denen wir immer noch bestimmt sind. Mich interessiert, wieso die Spielpläne voll sind, zum Beispiel mit Weißen Rössln, *und warum das Publikum auf den bürgerlichen Aberwitz in diesem Stück so unglaublich abfährt.*[19]

3   Operette als ironische Utopie

Meine Beschäftigung mit der Operette begann eigentlich am Berliner »Theater des Westens« mit dem *Wiener Blut* von Johann Strauß. Es sorgte für viel Aufregung, und Frank Baumbauer lud die Aufführung nach Basel ein, seine Direktion mitzueröffnen. Daraus entwickelten sich vier weitere Inszenierungen. Ich durfte der Frage nachgehen, ob man Operette für ein heutiges Theater, nach ihrem Verrat an den Kommerz, nach ihrer Auflösung zum puren Unterhaltungstheater, noch würde retten können. Aber ist da, wäre da nicht trotzdem etwas? Inhalte, die uns Bürger eines späten 20. Jahrhunderts interessieren könnten? Inhalte, die den Sinngehalt einer guten Operette, ironische Utopie zu sein, doch noch mit sich tragen? Oder gehört diese wichtige Theaterform in den Fundus …

Szenenfoto zu *¡Ay Amor!* mit Desirée Meiser, Basel 1995

An fünf verschiedenen Beispielen experimentierte ich mit dem musikalischen Spaß, den die Komponisten als musikalische Meisterwerke hinterlassen haben. […] Die fünf ausgewählten Operetten spielen in Wien, Paris, im Salzkammergut und in Andalusien. Jeder dieser Orte besitzt eine ausgeprägte couleur locale. Und jeder der Komponisten hat es verstanden, diese couleur in seine Partitur umzusetzen. […] Die Volksmusikkapelle im *Weißen Rössl* hatte ihr Spielpodest auf der Bühne, die *Fledermaus*-Treppe schraubte sich um das Salon-Orchester in die Höhe und das Zarzuela-Orchester hatte seinen Graben im Sand der Arena.

Die Instrumentation nahm Klangkolorit und Spielort und autobiografische Details auf, wie die Tatsache, daß Jacques Offenbachs Lieblingsinstrument das Cello war. So bestritt es mit dem Flügel den gesamten musikalischen Part von Offenbachs *Belle Hélène*.

Aber auch die Werkgeschichte hatte Einfluß auf die musikalische Umsetzung: Bei *Wiener Blut*, nur als Klavierauszug überliefert, wurde das Instrument der authentischen Überlieferung, das Klavier, zum Orchester. Freilich war meine Entscheidung, die Musik an sechs Flügeln zu spielen, der wichtige Schritt weg von der Philologie zur Theatralik: Der Vorwurf von Willkür entsprang jedenfalls auch hier, wie so oft, der blanken Unkenntnis. […]

So durfte ich mir also in Basel leidenschaftlich einen heimlichen Wunsch erfüllen, nämlich die totgesagte Operette nicht nur wiederzubeleben, sondern als eine aufregende, aufgeregte Theaterform wiederzuentdecken. Für die Aufregungen, für die wir dabei gesorgt haben, danke ich dem Ensemble und danke ich dem Publikum.[20]

Leicht überzeichnet, aber nicht im Sinne von Desavouierung
Die Fledermaus von Johann Strauß
Theater Basel, 24. Januar 1992

Dieter Kömel: Ist das Stück bislang von allen anderen Regisseuren mißverstanden worden?
Was man so landauf, landab von dieser »beliebtesten aller beliebten Operetten« weiß und kennt, ist das: daß sie immer voller Ausstattungspomp daherkommt. Ich will aber auf keinen Fall das Stück denunzieren, sondern seine großen Qualitäten freilegen – aus Zuneigung und großer Verehrung für Johann Strauß. Das Stück ist unglaublich genau komponiert. Man muß ja auch sehen, wie die Operette in Wien entstanden ist. Das ist ja ursprünglich für Schauspieler geschrieben worden. Dahinter steckt eigentlich die Tradition des Wiener Singspiels.
Nimmt die Musik in dieser abgespeckten Form keinen Schaden?
Wenn man sich den Orchestergraben im Theater an der Wien heute anschaut, wo *Die Fledermaus* herausgekommen ist, dann kann man sich nicht vorstellen, daß das Stück so groß besetzt war. Was mich außerdem stark beeindruckt hat, sind die Strauß-Transkriptionen für kleines Orchester von Schönberg, Berg und Webern. Genau diese Klangwelt realisieren wir. Und die drei haben das auch aus Liebe zu Strauß gemacht und nicht, weil sie sich über ihn lustig machen wollten. Die Kombination zwischen Klavier, Harmonium, den Streichern und den Bläsern ist einfach phantastisch.
Die Figuren, die Sie auf der Bühne zeigen, sind auf eine Weise überzeichnet, wie sie das Publikum nicht kennt.
Das ist Komödie, vielleicht leicht überzeichnet, aber nicht im Sinne von Desavouierung. Ich liebe diese Figuren. Es wird keine kaputtge-

macht. Dieser dritte Akt: Wenn diese Typen die Nacht durchzecht haben, dann sind sie eben betrunken. Am nächsten Morgen folgt die Katerstimmung. Das ist nun mal so. Das werden wir in dieser Silvesternacht vielleicht auch wieder erleben.
Wollen Sie dem Publikum einen Spiegel vorhalten?
Das will die Operette immer – wenn sie gut ist. Die meisten Operetten dieser Zeit handeln vom Großbürgertum, von einer Gesellschaft, die die Moral nach ihren Regeln auszulegen sucht. Hier ist das ganz

Szenenfoto zu *Die Fledermaus* mit Josef Ostendorf, Birgid Steinberger, Christoph Homberger und Jürg Löw, Basel 1992 klar: Hier will einer unbedingt seine Frau betrügen und es gelingt ihm nun wirklich nicht. Das ist schon als Spiegelbild der Gesellschaft zu verstehen.[21]

Ein Ort nach dem Krieg
Der Zigeunerbaron von Johann Strauß
Deutsches Schauspielhaus, Hamburg, 17. Dezember 1993

Joachim Klement/Albrecht Puhlmann: Sie inszenieren den Zigeunerbaron *am Schauspielhaus. Warum gehört für Sie die Operette ins Schauspiel?*
Ich behandle den *Zigeunerbaron* als Schauspiel mit Musik, weil ich glaube, daß sich hinter dieser sogenannten Komischen Oper ein gutes Stück verbirgt. Dem begegnet man normalerweise nicht an den Stadttheatern oder Opernhäusern. Es ist verschüttet unter einer Aufführungstradition, die aber auch die Beliebtheit des Stückes erklärt: Einerseits wird Operette als große Oper aufgeführt, andererseits gibt es diesen völlig unreflektierten Militarismus- und Folklorekitsch, der angereichert wird mit dummer Zigeunerexotik. Und das alles drückt sich in entsprechenden Ausstattungen, Inszenierungen und musikalischen Realisierungen aus. Für den *Zigeunerbaron,* der deutlich in der Nestroy-Tradition steht, bedeutet das den Erstickungstod.
Ich halte mich da lieber an Blochs Satz aus *Geist der Utopie,* daß Operette ironische Utopie sei. Also: Weg mit der ganzen Opernattitüde des späten Johann Strauß. Weg mit dem falschen Ausstattungspomp und dem großen Orchester. Ich stelle mir vor, und ich spreche jetzt nur Vermutungen aus, daß das, was in dem Stück und auch in der Musik drinsteckt, dadurch nur gewinnt. Die Direktheit, die dafür nötig ist, erreiche ich nur mit dem Ensemble eines Schauspielhauses (zu

dem in unserem Fall noch zwei Sänger gehören). Entscheidend für diese Direktheit ist auch unsere Orchesterbearbeitung für ein Zigeunerensemble.

Was erzählt denn das Stück, das Sie hinter der Operette vermuten?
Es erzählt jedenfalls nicht in erster Linie von Zigeunern im Ungarland oder einem Randgruppenproblem, das man heute daraus machen könnte. Für mich ist das Ungarn der Operette ein fiktiver Ort. Ein Ort nach einem Krieg. Und als allererstes geht es um eine Landnahme: Da kommt einer nach Jahren zurück in sein Land und sagt zu allen, die dort leben: Das alles gehört jetzt mir. Wenn Sie so wollen, hat das den direkten Bezug zur Gegenwart des wiedervereinigten Deutschland. Rücksichtsloser als hier zu Beginn vorgeführt, geht es eigentlich gar nicht mehr. Da ist man dann auch gleich wieder bei Blochs Satz und dessen zweitem Teil. Für ihn ist die Operette die iro-

Bühnenfoto zu *Der Zigeunerbaron*, Hamburg 1993

nische Utopie von der dauernden Herrschaft des Kapitals. Und davon ist ja im *Zigeunerbaron* ganz direkt die Rede: Also diese radikale Besitznahme des Landes, und dann dieser Schatz, den alle suchen, hinter dem alle her sind, was dann im sogenannten Schatzwalzer auf die Spitze getrieben wird.

Ironisch ist auch in dieser Operette alles, da hat der Bloch recht; und deshalb fühle ich mich nicht verpflichtet, Ironie in meiner Inszenierung noch einmal zu ironisieren, die Operette zusätzlich noch zynisch »durch den Kakao« zu ziehen. Dazu ist mir die Geschichte und sind mir die Figuren des Stückes viel zu wichtig. Es gibt an ihnen, an ihrer Situation auch wirklich nichts zu belächeln; sie sind ja für uns heute nur darstellbar als Opfer eines Untergangs. Die Gesellschaft des 19. Jahrhunderts feierte sich in der Operette immer selbst: eine Art Tanz auf dem Vulkan.

Aber was hat sich denn seitdem geändert?

Nicht viel. Darum geht es mir ja, auch das zu zeigen. Es haben sich ja nicht nur die Herrschaftsverhältnisse am Ende des 20. Jahrhunderts nicht geändert, geblieben sind auch die »operettigen« Verhaltensweisen, die Verlogenheiten, die Flucht in Scheinwelten, die diese Herrschaftsverhältnisse zudecken.

Die totgesagte Operette ist nicht tot. Ich muß sagen, nirgends im Theater am Ende des 20. Jahrhunderts wird so direkt, so trivial, aber auch so klar und deutlich erzählt, was ein Gefühl ist, – was zwischen den Menschen Sache ist.

Diese ausgelebte Trivialität finde ich großartig, weil sich in ihr unsere bürgerlichen Strukturen wiederfinden: Ehebetrug gibt es nach wie vor, den kitschigen Blick auf Zigeuner und romantische Liebesverzweiflung gibt es nach wie vor. Und auch in der Konsumgesellschaft wird unser Verhalten nach wie vor durch Maskierung bestimmt.

Szenenfotos zu *Der Zigeunerbaron* mit Jörg Schröder, Christoph Homberger, Gundi Ellert und Thomas Stache, Hamburg 1993

Szenenfotos zu *Der Zigeunerbaron* mit Desirée Meiser, Josef Ostendorf, Edit Lehr und Wolfgang Pregler, Hamburg 1993

Wenn Sie die »ironische Utopie« nicht noch ironisieren wollen, wie gehen Sie dann mit dem allgemeinen Jubelfinale am Ende des Zigeunerbaron *um?*

Am Ende müssen die Masken fallen. Am Schluß dämmert nicht der Morgen nach einer durchzechten Nacht, sondern der Abend, also der Untergang.

Was außerdem interessant ist an dem Stück, das ist der Beginn. Da wird gesungen: »Ja, das alles auf Ehr' / Das kann ich und noch mehr, / Wenn man's kann ungefähr, / Ist's nicht schwer – ist's nicht schwer!« Beim finalen Jubel wird das wieder aufgenommen, es ist sozusagen die musikalische Klammer.

Diese Zeilen machen ja am Anfang eigentlich keinen Sinn, erst am Ende heben sie sozusagen die Handlung auf. Happy End oder Nicht-Happy End, das ist jetzt gar nicht mehr die Frage. Und das hat mich auf die Idee gebracht, auch die Sache des Theaters zu verhandeln. Deshalb spielt *Der Zigeunerbaron* bei mir auch in einem zerstörten Theater.

Also: Theater auf dem Theater?

So einfach würde ich das nicht sagen. Zentral finde ich das Thema »Illusion«. Alle sind Illusionisten. Die, die uns zwei Stunden lang die Operette als wahres Leben vorgaukelten, entpuppen sich am Schluß als Schauspieler. Ihr Spiel wird Melancholie.[22]

Die Angst vor dem banalen Leben
¡Ay Amor! von Manuel de Falla
Theater Basel, 20. Dezember 1995
Théâtre Royal de la Monnaie, Brüssel, 21. Januar 1998

Danksagung an das Ensemble von *¡Ay Amor!*, Brüssel 1998

Mit ¡Ay Amor! fangen viele Flamenco-Gesänge an: El grito – der Ausruf, der Schrei. Er kommt aus dem Volk – und einer tiefempfundenen Liebesqual. Dieser Ausruf verbindet beide Stücke, die ähnlichen Inhalts sind: Ein andalusisches Mädchen, Salud, liebt einen Mann, der sie verlassen hat. Sie leidet Liebesqualen und stirbt den Liebestod. [...]

Der gleiche Inhalt beider Stücke prägt sich verschieden aus. In *El Amor Brujo*, dem ersten Stück, wird versucht, durch Beschwörung und Ritual das zurückzugewinnen, was man verloren hat – die Liebe. Das bedeutet für die Szene den Verzicht auf irgendeine Darstellung (im Sinne eines Rollenspiels).

Im zweiten Stück des Abends, *La Vida Breve,* wird die Verstrickung der Figuren in ihrer sozialen Stellung thematisiert: das reiche Bürgertum in Konfrontation mit sozialen Randexistenzen. Bei der Beschäftigung mit dem Stück habe ich entdeckt, wie de Fallas Musik diese Konfrontation als Konflikt motivisch geradezu verarbeitet und substantiell werden läßt: ihre schon beschriebenen Eruptionen und Abbrüche habe hier ihre Begründung.

Der Tanz und das Fest sind zentrale Elemente der Stücke. Interessant ist, daß sich im Laufe der Handlung beide verselbständigen und die anfangs geschilderte Realität hinter sich lassen und vergessen. Die Angst vor dem banalen Leben und einem immer sinnlosen Tod ist der Grund für die Fülle andalusischer Fiestas. Von beidem will der Feiernde nichts wissen. Die Tragödie der Salud vollzieht sich inmitten der Menge in größter Einsamkeit.

De Falla hatte ursprünglich einen leisen, verlöschenden Schluß für *La Vida Breve* vorgesehen. Er war gezwungen, für die französische Uraufführung einen »lauten« Opernschluß zu komponieren. Mit dem sevillanischen Wiegenlied aus der Volksliedsammlung García Lorcas

Entwürfe zu *¡Ay Amor!*, Basel 1995

links: Szenenfoto zu *¡Ay Amor!* mit Egils Silins,
Sonia Theodoridou und Hedwig Fassbender, Basel 1995

oben: Szenenfotos zu *¡Ay Amor!* mit Desirée Meiser, Basel 1995

unten: mit Maria Guerrero und Desirée Meiser

versuchen wir, dem Stück einen leisen Schluß zurückzugeben. In ihm wird Salud wieder zum Findelkind, zur »kleinen Schildkröte« – und spendet Trost, wo keine Liebe ist.[23]

Mir geht es um das Theatralische

Sigfried Schibli: Teilen Sie die Diagnose von Volker Klotz, daß die Operette nicht tot ist, sondern daß »die Operette auch heute noch sein könnte, was sie vor hundert Jahren war, eine eigenwertige, eine fortschrittliche, eine vitale und vitalisierende Kunst. Noch immer gibt es die geschichtlich überholte, leerlaufende Selbstdarstellung durchaus untoter Machthaber«.

Das ist vollkommen richtig. Solange es diese Machthaber gibt, solange es, wie Bloch so schön sagte, die dauernde Herrschaft des Kapitals gibt, solange gibt es auch die Ironisierung darüber, also die Operette. Auch die populären Fernsehserien sind ja letztendlich nichts anderes als Operetten, nur sind die Stories nicht so gut. Dagegen ist das *Weiße Rössl* geradezu genial ...

Ist die Operette nicht durch das Musical überholt worden?

Ich finde, daß das Musical im Grunde genommen nichts anderes ist, es funktioniert nach dem gleichen Schema. Allerdings finde ich die bestehenden Musicals von der Musik und von den Stories her vielleicht nicht so interessant. Sie sind so unheimlich klar kalkuliert, so festgelegt, daß sie ja schon das Regiekonzept mitliefern. Das muß ich nicht machen, das müssen Geschäftsleute machen.

Sehen Sie einen Zusammenhang zwischen Ihrem Interesse an alter Musik und dem an Operetten?

Natürlich interessiert mich die Dramaturgie einer Barockoper oder im Gegensatz dazu einer Operette in ihrer einerseits vorbürgerlichen und andererseits kleinbürgerlichen Dramaturgie, ihren offenen, nicht psychologischen Erzählweisen. So ganz ausklammern tue ich ja die sogenannten psychologischen Stoffe des 19. Jahrhunderts nicht. Denken Sie an die Frauenfiguren bei Händel, Kleopatra zum Beispiel. Oder an die Gräfin im *Wiener Blut*! Das wird oft so gesehen, daß das Theater des 18. Jahrhunderts nicht psychologisch sei, weil man meint, erst das 19. Jahrhundert habe die Psychologie erfunden. Heute psychologisiert man in die Theaterfiguren häufig das hinein, was sowieso schon Psychologie ist, weil wir natürlich alle meinen, daß wir Freud gefressen haben. Es gibt zwar Figuren, die bloße Schemen sind, die sogenannten Popanze, Figuren, die eben so sind und nichts anderes, die nicht entwicklungsfähig sind. Aber sie haben trotzdem ihre Geschichte und ihren ideologischen Zusammenhang, ihren beispielhaften Vorzeigewert, ob das nun Giulio Cesare ist oder der Giesecke aus Berlin im *Weißen Rössl*. Das nenne ich aber nicht Psychologisieren, sondern die Psychologie der Figur herauszusuchen, herauszufinden. Wenn sie nicht da ist, mache ich das Stück nicht.
Laut Franz Lehár braucht die Operette, um nicht zum entseelten »Operettenblödsinn« zu werden, einen »ethischen Grundgedanken«. Geht es Ihnen auch darum?
Nein. Was hat die Ethik in der Operette zu suchen? Mir geht es um das Theatralische, die Lebendigkeit und Echtheit der Operetten, vielleicht auch um die Unechtheit, die Lüge. Wenn in Operetten gut gelogen wird und damit bei den Figuren Katastrophen heraufbeschworen werden, finde ich sie schon interessant genug. Wird eine Figur ethisch, finde ich sie eher langweilig.[24]

folgende Doppelseite:
Szenenfoto zu *La belle Hélène* mit Edit Lehr und Christoph Homberger, Basel 1991

Eine ideale Aufführung ist für mich, wenn man durch das, was man gesehen oder gehört hat, reicher geworden ist; wenn man auch über etwas Erschütterndes, das man neu gesehen hat, beglückt ist. Ich glaube, das ist das Ideale. Also mehr kann das Theater nicht machen. Das Theater kann die Leute nicht verändern, auch nicht verbessern. Aber es kann sie dazu bringen, neu zu schauen.[25]

4 Ein so riesiger Strauss-Fan bin ich nun nicht gerade

Es ist so, daß ich bald ein Strauss-Spezialist bin. Ich muß aber dazu sagen: Ein so ganz riesiger Strauss-Fan bin ich nun nicht gerade. Trotzdem ist Strauss ein genialer Theatermusiker, das entdecke ich immer wieder. Der *Rosenkavalier* zum Beispiel ist ein Stück, das ich nie im Leben machen wollte – ich hätte nicht gedacht, daß ich dann während der Salzburger Probenzeit so viel Spaß damit haben würde. […] Meine Überlegung war: Wie kann ich eine Illusion, in der sich diese Leute befinden, wie kann ich die in diese enorm große Bühne hineinspiegeln, also tatsächlich reflektieren. Das war der eine Gedanke. Der andere war: Selbstbespiegelung, also der Spiegel als Bestandteil des Sichselbsterkennens, des Sichreflektierens. Der Spiegel als Reflexion von Personen. Die Eruption in der Musik verlangt bei der »Überreichung der silbernen Rose« nach einer ganz großen optischen Veränderung. Die ganze Welt bleibt da irgendwie stehen mit dieser symbolischen Handlung.[26]

Szenenfoto zu *Die Frau ohne Schatten* mit Reinhild Runkel und Thomas Moser, New York 2001

Das Stück ist wie ein Kartenhaus.
Nimmt man eine Karte heraus, um sie wieder von der anderen Seite einzubauen, ist das Haus mittlerweile eingestürzt.

Spiegelkabinett der zerstörten Seelen
Der Rosenkavalier von Richard Strauss
Großes Festspielhaus, Salzburg, 30. Juli 1995

Albrecht Puhlmann: Nach Ihren Inszenierungen von Monteverdis L'Orfeo *und Mussorgskis* Boris Godunow *im vergangenen Jahr ist der* Rosenkavalier *Ihre dritte Arbeit in Salzburg. Welchen Stellenwert hat für Sie Der Rosenkavalier? Hält die Komödie für Musik dem Vergleich mit der »Favola« und dem »Volksdrama« stand?*
Ja, absolut, sonst würde ich es nicht inszenieren. Außerdem gibt es für den *Rosenkavalier* keinen besseren Ort als Salzburg und die Festspiele, denn entgegen den Absichten der beiden Autoren Hofmannsthal und Strauss handelt es sich um kein Volksstück. Keine Pawlatschen-Bühne würde dem Stück gerecht, sondern die größte Bühne der Welt ist gerade richtig für den *Rosenkavalier*. Hofmannsthal und Strauss nennen ihr Stück »Komödie für Musik«, meinen aber ein großes Festspiel, auf gar keinen Fall proletarisches Theater – wohl aber eine Komödie der Zeit (der Dekadenz) und gleichzeitig, und das ist großartig, eine Satire auf diese Dekadenz.
Unterstellen Sie nicht Etikettenschwindel...
... von dem lebt das Stück ...
... Unterstellen Sie nicht, die beiden Autoren hätten ihr Thema verfehlt?
Das unterstelle ich nicht, das ist so. Es ist wie bei Richard Wagner, der mit *Tristan und Isolde* eine »kleine italienische Kammeroper« schreiben wollte. [...]
Der französische Literaturwissenschaftler Robert Minder nennt Rosenkavalier *eine der »wenigen großen Gesellschaftskomödien deutscher Sprache«, er spricht von der »befreienden Weite eines geselligen Raums«. Können Sie dem zustimmen?*

Ja, und zwar dann, wenn wir sagen: Der *Rosenkavalier* meint erstens nicht eine Gesellschaft aus der Zeit Maria Theresias, sondern die Zeit Schnitzlers und des *Reigen*. Und meint zweitens, daß das Stück mehr ist als eine deutsche Komödie, die doch immer nur gemein ist wie im Fall der Wagnerschen *Meistersinger* – gemein, grob und hinterhältig, bösartig sogar im Umgang mit dem, auf dessen Kosten man Komödie spielt, man denke da nur an den armen Beckmesser.

Also im Umgang mit Ochs gibt es diese Elemente auch, aber Hofmannsthal ist zu fein, um das schon die Substanz sein zu lassen.

Im Briefwechsel von Hofmannsthal und Strauss fallen vor allem die Zwistigkeiten und Widersprüche auf. [...] Die Streitereien, post festum gewissermaßen, sind das nur Eifersüchteleien oder sagt das etwas aus über den Charakter der Komödie, die gewollt war und nicht gelungen scheint?

Gelungen ist etwas anderes, und das berührt die Eingangsfrage und natürlich unsere Lesart. Der *Rosenkavalier* ist eine ganz traurige Festspieloper. Gemeint war ein erotisches Stück à la *Figaro*, aber wir hören und sehen eine Geschichte mit den typischen Themen des fin de siècle, mit Liebe, Tod und Einsamkeit. Sehnsüchte, die sich in erotischen Träumen äußern, eine Doppelmoral, die Ängste heraufbeschwört – ein scheinbar historisches Stück von 1911 geht mit der Zeit des 18. Jahrhunderts um, in der man diese Probleme gar nicht kannte. Moral ist dem *Figaro* wildfremd. Hofmannsthal impliziert mit seinem Stück genau das Gegenteil einer *Don Giovanni*-Zeit. Also: Das weite Land der unerfüllten Sehnsüchte ist das Thema des *Rosenkavalier*.

Das heißt, Sie vernachlässigen die Vorgaben von Ort und Zeit?

Ja, genau wie Richard Strauss Ort und Zeit mit seiner Musik geradezu negiert. Der *Rosenkavalier* als Kostümstück würde die großbürger-

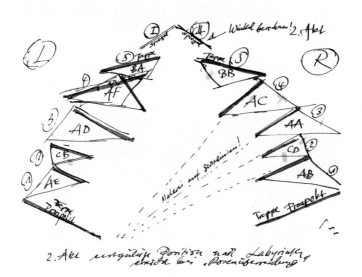

Modellfoto zu *Der Rosenkavalier*, Salzburg 1995

liche Kritik, die ja vorhanden ist, verschleiern, buchstäblich. Dabei gibt es doch erstaunliche Parallelen zwischen unserem Jahrhundertende und dem Jahrhundertbeginn, zu dem das Stück entstanden ist. Solange es den äußerlichen Glanz von Ordensverleihungen und Adelshochzeiten gibt, während im Hintergrund Kriege stattfinden, ist das Stück aktuell. Der *Rosenkavalier* wurde geplant und erarbeitet, als ein später sogenannter Erster Weltkrieg geplant und erarbeitet wurde. Das ist doch auch die Funktion des Marschalls, der ist ganz wichtig – als Abwesender im Krieg. Vor dieser Folie sehen wir Privilegierte des Genusses im Kampf mit dem Moralkodex der Zeit. Man müßte erreichen, daß auch ein Raum im historischen Sinn vermieden wird, um den Blick auf die Figuren nicht zu verschleiern. Auch durch den Raum sollen die Figuren eine ihnen gebührende Erweiterung erfahren. Der Raum müßte eine Seelenlandschaft sein – Zeichen für die Selbstdarstellung und für die Illusionen, denen sich die Figuren hingeben, Zeichen für die vergangenen Zeiten, gebrochen durch die sehnsüchtigen Blicke der daraus Vertriebenen. Das Palais eines Faninal ist Fiktion, das hat es nie gegeben, dafür brauche ich eine Übersetzung für die heutige Bühne – die nicht mehr die Alfred Rollers ist.

Wenn Sie von Seelenlandschaft reden, erinnert das an Maeterlincks Wort von »la vie interieur«, das er für seine Schilderung der Mélisande benutzt hat. Das ist doch sehr weit entfernt von jeder Gesellschaftskomödie.

Das ist auch meine momentane Haltung zum Stück. Zentrum des *Rosenkavalier* ist die Marschallin, ist die Zeit, ist das Leben, ist das, was nach vier Stunden, die real mit viel Musik versehen sind, bleibt: offene Sehnsüchte.

Für mich als Regisseur heißt das, was zwischen den Zeilen steht zu inszenieren: im Monolog, im Schlußterzett. Die »heile Welt«, für die Maria Theresia das Synonym ist, ist im Sinne Schnitzlers zutiefst in

der Seele zerstört. Man klammert sich an alte Rituale, die selbst auch nur fiktiv sind (wie die Rosenübergabe), um sich diese heile Welt zu erträumen. Unser *Rosenkavalier* spielt in einem Spiegelkabinett der zerstörten Seelen.[27]

Probenfoto zu *Der Rosenkavalier*, Herbert Wernicke und Heidi Grant Murphy, Salzburg 1995

> Dem Bühnenbild fehlten vollständig jene Säulen, jene breiten Treppenstufen, alle jene antikisierenden Banalitäten, welche mehr geeignet sind, zu ernüchtern als suggestiv zu wirken. – Hugo v. Hofmannsthal 1903 zu Elektra

München in Ruinen – „Traum der Träume"

Die Tragödie der Schuld und der Rache
Elektra von Richard Strauss
Alte Oper, Frankfurt am Main, 15. April 1988
Bayerische Staatsoper, München, 27. Oktober 1997

In meiner Münchner *Elektra*-Inszenierung gibt es kein Schlachthaus, kein Blut, kein Arbeitszimmer von Freud, kein Wohnzimmer einer bösen Familie. In der Zeit der TV-Seifenopern und schrecklichen Familiendramen geht man entweder auf diesen Realismus ein, oder man sagt: Das Theater hat andere ästhetische Möglichkeiten, eine Geschichte wie *Elektra* zu erzählen.

Genauer: Nur das Theater – und vor allem die Oper – hat noch die Chance, eine andere Wirklichkeit zu zeigen als Kino oder Fernsehen. Darum schlage ich den Weg der Archaik ein: keine Psychosen, keine Verhaltensweisen – nur Figuren. Wenn jeder Sänger seine Figur psychologisch darstellt, wird diese Familientragödie genauso bewegen und erschauern machen wie in den antiken Dramen von Sophokles und Euripides. Genau diese Archaik war es ja, die Hofmannsthal wiederentdeckt hatte für sein Welttheater.

Das Stück braucht szenisch sehr viel Ruhe. Elektra z. B. wird am Schluß nicht tanzen; der Zuschauer wird gezwungen, ihr in die Augen zu sehen. Auch in der Wiedererkennungsszene werden Elektra und Orest in erster Linie einander gegenüberstehen und sich anstarren. Nichts passiert, aber das mit Spannung. Das ganze Stück ist die Tragödie der Schuld und der Rache, jede Figur ist von Rache beseelt bis zum Umfallen. Die Wurzeln liegen in dem grausamen Krieg, den die Männer geführt haben. Was passiert während eines solchen Krieges und vor allem danach mit den Frauen? Eine immer wieder wichtige Frage, um die man bei *Elektra* nicht herumkommt. Klytämnestra ist nicht nur ein Schwein; ihre Kontaktaufnahme mit Elektra nach ihren schlimmen Träumen ist im Gegenteil sehr menschlich. Das Gespräch zwischen Mutter und Tochter ist die einzige wirklich erotische Szene in dieser Oper.

Die Bühne ist optisch einfach und abstrakt. Das ganze Bühnenportal wird schwarz zugemauert, so daß nur ein paar Meter Spielfläche übrigbleiben. Hier draußen, vor dem Palast, spielt sich die Handlung ab. Nur ein paarmal bricht die schwarze Palastmauer auf und gibt den Blick frei auf einen gleißenden Lichtraum in unterschiedlichen Farben: auf das Palastinnere, die eigentliche Opernbühne.

Auch der rote Hauptvorhang des Nationaltheaters wird in die Aus-

stattung miteinbezogen: als Mantel des Agamemnon. Manchmal trägt ihn Klytämnestra zur Machtdemonstration, einmal wird sich Elektra in ihn einhüllen; zuletzt wird ihn Orest als neuer Herrscher tragen.

Elektra ist ein gewaltiges, unglaublich modernes Stück – Strauss' Tunnel zu Schönberg; und es wird spannend, dieses moderne Stück aus den ersten Jahren unseres Jahrhunderts jetzt zu spielen, kurz bevor ebendieses Jahrhundert zu Ende geht.[28]

Die Frau bleibt auf der Strecke

[…] Ich werde den Guckkasten gewiß nicht mit einem Schlachthaus füllen, ich werde überhaupt alles Blut weglassen, diese ganzen Perfiditäten, die bei *Elektra* immer nur opernpittoresk wirken. Ich werde noch stärker in die Abstraktion auch der Handlung gehen, um der Archaik entgegenzukommen. […] Das wirkliche Opfer sehen wir vor der Mauer, also vor der Palasttür – und das ist Elektra, aber auch ihre Schwester Chrysothemis. Das sind zwei verschiedene Porträts von Frauenopfern. Ich gehe sogar noch weiter und sage: auch Klytämnestra ist ein Opfer. Und alle drei Frauen, die durch vorgegebene Schicksale in ihren Lebensentwürfen durchaus unterschiedlich geprägt sind, sind damit aber zugleich entindividualisiert. Sie stellen so etwas wie ein dreifaches Prinzip von Frauenopfer unter der Herrschaft und Gewalt von Männern dar. Die Vorgeschichte ist männliche Gewalt – und die Frau bleibt auf der Strecke. Das wurde am Anfang des Jahrhunderts geschrieben und ist am Ende immer noch so.

Magazin Takt: Wobei vermutlich Freud mit seiner Psychoanalyse sehr stark in dieses ganze Wiener Milieu der Jahrhundertwende hineinspielt?

Da muß ich heftigst widersprechen, wenn man meint, Hofmannsthal sei durch Freud beeinflußt worden. Das war eine Feindschaft – die beiden Wiener haben sich gehaßt. Natürlich kann man so weit gehen und behaupten, Elektra leide unter einem ödipalen Komplex – aber das wäre eine schreckliche Aufführung, das würde höchstens zehn Minuten tragen. Die Vaterliebe ist noch etwas anderes: der Ersatzmann. Auch Agamemnon ist ein Schwein. Ich sehe das viel abstrakter – eigentlich wieder sehr stark an der antiken Vorlage orientiert. Die alten Griechen haben ja aus diesem Grund mit Masken gespielt.

Aber Klytämnestra leidet ja unter schrecklichen Alpträumen – liegt da die Traumdeutung nicht nahe, also doch wieder Psychologie?
Man muß das Psychologische nicht zusätzlich psychologisieren, indem man noch mehr hineindeutet. Auch diese Träume sind Bilder, wie sie Orakel in der Antike waren, Vorsehungen. Und nicht anders würde ich das interpretieren, denn die Träume sind derart konkret – es tritt ja ein, was sie träumt. Das Stück ist in sich von Anfang bis Ende ungeheuer konsequent, aber es gibt eine einzige Irritation: das ist die falsche Botschaft vom Tod des Orest. Das wirft Elektra für einen Moment aus dem Konzept der vorgegebenen Tat. Hier stehen zielgerichtetes Handeln und finale Tat im Konflikt. Und das kommt erst im Moment der Begegnung mit Orest wieder ins Lot; das ist verrückt, ein großer Trick von Hofmannsthal. Elektras ritualisierte Handlung ist nichts anderes als das selbst auferlegte Schicksal der Rache – erst wenn die vollzogen ist, ist sie erlöst. Und jetzt sind wir beim Ende des 19. Jahrhunderts: diese Erlösung ist der Tod – der Liebestod, wenn man so will.

In Ihrer Frankfurter Inszenierung damals hat Elektra am Ende mit dem Beil Selbstmord begangen – werden Sie das hier auch wieder so lösen?
Ja, ich möchte nicht, daß sie an einem Herzinfarkt stirbt. Ich möchte

Szenenfoto zu *Elektra*
mit Olivia Stapp, Frankfurt am Main 1988

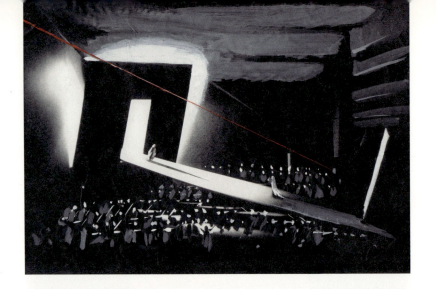

auch nicht, daß sie überhaupt tanzt – das kann ich nicht ertragen. Sie wird sich entleiben, denn ihr Auftrag, ihr Dasein sind durch die Tat erfüllt. Was hätte ihr Leben noch für einen Sinn?
Und was sagt die Musik zu alledem?
Die große Gefahr ist, daß man alles szenisch illustriert, was musikalisch ausgedrückt wird. Wenn das der Fall ist, dann wird gerade diese Musik sehr schnell zu Filmmusik. Ich finde, sie hat außerordentliche Qualitäten – und ich möchte sie auch lassen, im Gegenteil sogar noch verstärken durch Nicht-Verdoppelung auf der Szene. Das Geniale an dem Stück ist auch: Es wird über so viel Grausames berichtet, was wir nicht sehen.
Spiegelt sich das auch in Ihrem Bühnenbild wider? Das Modell zeigt eine bühnenfüllende Palasttür, von einem Schwert durchstoßen, dahinter einen fast leeren Raum.
Es ist im Grunde genommen wie der eiserne Vorhang eines Theaters – das Bühnenportal ist das Palastportal. Und dieses ist jetzt einfach zugemauert und zugestopft, kann sich aber momentweise wie eine Luke aufklappen, so daß man dahinter etwas ahnen kann. Es ist auch eine Fläche gegen das Licht, denn dahinter ist es gleißend hell.
Könnte man sagen, daß Sie ihre Inszenierungen aus dem Raum heraus entwickeln?
Ja, ich kann das nicht trennen. Allerdings arbeite ich meistens mit einem eigenen Dramaturgen zusammen, so daß es doch einen Gesprächspartner gibt. Die Theaterarbeit, so wie ich sie mache, kann ich nicht zerteilen. Kostüme z.B. entwerfe ich schon fast gar nicht mehr, manchmal reicht mir ein Foto, manchmal sogar der betreffende Darsteller – und dann sehe ich, was da eigentlich noch fehlt. […]
Es ist so, daß ich bald ein Strauss-Spezialist bin. Ich muß aber dazu

sagen: ein so ganz riesiger Strauss-Fan bin ich nun nicht gerade. Trotzdem ist Strauss ein genialer Theatermusiker, das entdecke ich immer wieder.[29]

Das schwierigste Stück
Die Frau ohne Schatten von Richard Strauss
Metropolitan Opera, New York, 13. Dezember 2001

Ich plane noch einen Strauss, in New York: *Die Frau ohne Schatten.* Das ist meiner Ansicht nach das schwierigste Stück. Ich hasse es – aber ich werde es machen, weil es eine Herausforderung ist. Und man darf auch nicht immer nur Stücke machen, die man liebt – das ist gefährlich.[30]
Die Welt Keikobads, der als unsichtbar gebietende Gottheit zu verstehen ist, ist geheimnisvoll und unfaßbar, das Vergangene, Gegenwärtige und Jenseitige in sich beschließend.[31]

Szenenfoto zu *Die Frau ohne Schatten* mit Deborah Voigt und Reinhild Runkel, New York 2001

Die Welt Keikobads, der als unsichtbar gebietende Gottheit zu verstehen ist, ist geheimnisvoll und unfaßbar, das Vergangene, Gegenwärtige und Jenseitige in sich beschließend.

1. AKT

Der Bote Keikobads, der zwölfte in einem Jahr fordert von der Amme der Kaiserin Rechenschaft über deren Zustand.
Sie ist die Tochter Keikobads und einer Menschenfrau. Als halbes Geisterwesen kann sie keine Kinder gebären, keinen „Schatten" werfen. Drängt es sie zu den Menschen, ist das Reich des Vaters bedroht.
Nach zwölf Monaten hat sie noch eine Frist von drei Tagen, einen „Schatten" zu erwerben. Sind die vorbei, muß sie zu ihrem Vater zurückkehren und ihr Gatte, der Kaiser wird zu Stein.

(13)

Die Tiefe des Raumes öffnet sich – der Kaiser wird sichtbar, starr und steinern, nur seine Augen scheinen zu leben. Die Kaiserin weicht entsetzt zurück. Nocheinmal ruft die Hüterin ihr zu, den „Schatten" der Färberin anzunehmen und von dem Wasser zu trinken.
Nach qualvollem inneren Kampf lehnt die Kaiserin abermals ab. –
Damit hat sie gesiegt, Keikobad fällt seinen richterlichen Spruch. Der Kaiser wird von seinem Leiden erlöst, Barak findet endlich seine Frau.
Die Kraft selbstaufopfernder Liebe, die Anerkennung der Verantwortung gegenüber der gegenwärtigen und zukünftigen Menschheit und die Bereitschaft zu leiden, und sich sogar dem Tod zu stellen, haben beide Paare die harten Prüfungen bestehen lassen.
So finden sie sich wieder in befreiter Umarmung.

Auszug aus den Konzeptionsnotizen
von Herbert Wernicke zu *Die Frau ohne Schatten*, New York 2001

Mich interessiert, das Jetzt im Zusammenhang mit dem Alten zu untersuchen: Warum ist es jetzt so, wie ist es dazu gekommen?[32]

5 Endspiele auf dem Theater

Sigfried Schibli: Sie haben mit einigen Arbeiten gewissermaßen die Gattungsgrenze zwischen Oper und Oratorium übersprungen. Was macht denn diese Stoffe für uns so aufregend, was macht sie für Sie so attraktiv?
Es ist die Parabelhaftigkeit dieser Geschichten, die Archaik, etwa von gesellschaftlichen Zuständen. […] Mich interessiert die Theatralik der Stoffe und der alten Musik. Was mich hingegen nicht interessieren würde, ist eine museale Umsetzung von alten Opern, ist, zu zeigen, wie sie früher einmal gemacht wurden. Wir können das nicht einfach lebendig machen. Ich halte auch nichts davon, alte Musik so zu rekonstruieren, wie man glaubt, daß sie geklungen hätte. Die ganze blauäugige Rekonstruiererei kann ich überhaupt nicht verstehen. Ich inszeniere doch auch keine Kupferstiche!
Bekannt wurden Sie mit Ihren Inszenierungen von Barockopern. Wie kam es dazu?
Das war zum einen das Interesse an alter Musik, dann waren es aber auch die Themen der großen Stücke des Barock. Da gab es eine ganze Menge für unser heutiges Publikum wiederzuentdecken, vor allem die der antiken Mythen und alttestamentarischen Legenden. Das hat mich zur Barockoper und eigentlich mehr noch zum Händel-Oratorium geführt.[33]

Szenenfoto zu *Wie liegt die Stadt so wüste, die voll Volkes war*, Basel 1999

Ich verführe den Zuschauer in meine Bildwelten
Theodora von Georg Friedrich Händel
Theater Basel, 11. Juni 1994

Die Bühne ist ein weißer Kasten aus Papier – als Berufung auf die barocke Bühnenmaschinerie –, der mit fortschreitender Handlung zunehmend zerlöchert, durchbohrt, zerstört wird.

Ich habe schon viele Oratorien, aber noch keine einzige Oper von Händel gemacht. Wenn man sich einmal damit beschäftigt, dann entdeckt man etwas Ungewöhnliches für die Zeit – ein wirkliches Musikdrama! Bei den Oratorien gefällt mir die große Abstraktheit durch die imaginierte Szene, die Möglichkeit, daß man ein eigenes Theater erfinden kann und muß. Diese Märtyrergeschichten sind ja seit dem Mittelalter in vielen kleinen Bildern nebeneinandergestellt worden wie die Passionsspiele mit den Hunderten von verschiedenen kleinen Bühnen. Daran anknüpfend bin ich auf diese Bilderwelt gekommen, natürlich immer mit Symbolen aus dem frühen Christentum.

Ich kaue dem Zuschauer nicht vor, wie er die Musik zu interpretieren hat, ich gebe eine Interpretationsmöglichkeit, die subjektiv ist, und ich verführe den Zuschauer in meine Bildwelten. Er nimmt sie an, oder er nimmt sie nicht an – das ist mir jetzt egal. Und wenn ich das für sechs mache, die es verstehen, dann ist das Ziel erreicht.

Meine einzige Botschaft ist die, etwas aufzuzeigen, was noch unverändert ist: Intoleranz, die Intoleranz unserer Gesellschaft, die sich nicht verbessert, sondern eher noch verschlimmert hat. Das ist nicht nur die Ausländerproblematik, sondern überhaupt das Nichtklarkommen der Völker, der unterschiedlichen Kulturen.[34]

links: Modell zu *Theodora*, Basel 1994
folgende Doppelseite:
Szenenfoto zu *Theodora* mit Sonia Theodoridou
und Kai Wessel, Basel 1994

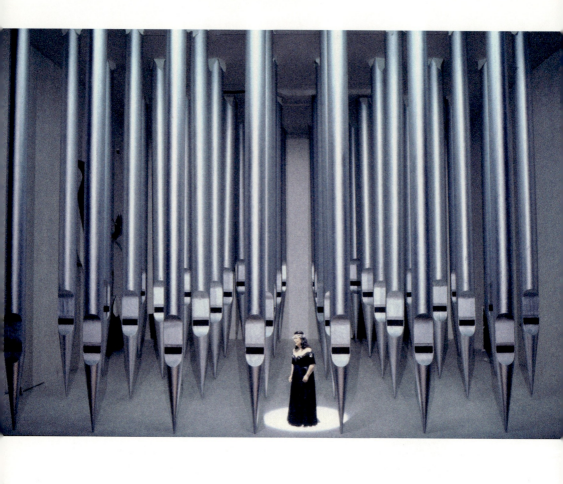

Die Bühne – eine Kriegslandschaft
Wie liegt die Stadt so wüste, die voll Volkes war
Geistliche Musik von Heinrich Schütz und Matthias Weckmann
Theater Basel, 19. Dezember 1999

Die geistliche Musik von Heinrich Schütz klagt auf der Folie des 30jährigen Krieges. [...] Die Auswahl ist eine emotionale, intuitive. Sie ist durch unser Hier und Jetzt deutlich geprägt. Der musikdramatische Gestus der Musik war dabei ausschlaggebend. In der Aufführung geht es um Kriegszeit, genauer um eine Nachkriegszeit, die das Apokalyptische einer Situation viel deutlicher beschreibt. (Apokalyptische Visionen treten immer erst *nach* einem Krieg, nach einer Katastrophe auf.) In einem Tigersprung über die Jahrhunderte wird die Kraft der Musik von Heinrich Schütz und Matthias Weckmann in seiner titelgebenden Kantate *Wie liegt die Stadt so wüste, die voll Volkes war* erfahrbar. Im 30jährigen Krieg erlebte Europa alles, was an Leidenschaft, an Exzessen und an Gleichgültigkeit zu erleben war. Die Verheerung der Gemüter war groß. Erst im 20. Jahrhundert sollte es wieder zu solchen Exzessen kommen. [...]
Eine berühmte Regieanweisung von Andreas Gryphius lautet: »Der Schauplatz lieget voll Leichen-Bilder / Cronen / Zepter / Schwerdter etc. Vber dem Schau-Platz öffnet sich der Himmel / vnter dem Schau-Platz die Helle.« Dieser vertikale, durch seine Zerrissenheit zwischen Himmel und Hölle so beeindruckende Entwurf, hat das Bild vom Barock geprägt – Endspiele auf dem Theater. Jedes Drama eine Leichenrede. Schütz klagt im Namen der Erlösung, in der Hoffnung auf Rettung.
Eine heillose Geschichte von Siegern und Besiegten liegt hinter den Singenden. Aber was liegt vor ihnen? 1989 hieß es, es komme der

Szenenfoto zu *Theodora* mit Sonia Theodoridou, Basel 1994

Szenenfotos zu *Wie liegt die Stadt so wüste, die voll Volkes war*, Basel 1999

Szenenfoto zu *Wie liegt die Stadt so wüste, die voll Volkes war* mit Kai Wessel, Basel 1999

ewige Friede, das Ende der Geschichte sei erreicht. Ein schrecklicher Irrtum. Die Geschichte als eine der Kriege geht weiter. Stimmt womöglich die These Michel Foucaults: Ohne Krieg keine Geschichte?
[...]
Die Musik von Schütz spricht von den Verlierern auf verlorenem Posten. Die Bühne – eine Kriegslandschaft. Unmöglich, sich ein Bild zu machen von den Verheerungen des Krieges?
Als Hommage an Richard Serra, dessen Plastik *Intersection* vom Theatervorplatz auf die Bühne geholt wird, den Titel beim Wort nehmend, Schnittstelle zu sein für das Darzustellende: ein zerstörter Kreis, den die Skulptur einst bildete, verlorengegangene Einheit und Harmonie. Die Dynamik, die Serra selber paradoxerweise seinem 100 Tonnen schweren Stahl abgewinnt, nehmen wir wörtlich.
Richard Serras Kunst und die Musik von Heinrich Schütz sind ver-

oben: Richard Serra *Intersection*
rechts: Szenenfotos zu *Wie liegt die Stadt so wüste, die voll Volkes war*, Basel 1999
rechts unten: mit Karl-Heinz Brandt und Martin Petzold

wandt. Ihre Tiefe und »Verbohrtheit«, ihre irdene Schwere und verspielte Leichtigkeit findet man in Serras *Intersection* wieder. Seine Formen in der Tat sind barock. Es sind die gedrehten Ellipsen Borrominis in seinen römischen Entwürfen. […]

Das Spiel auf der Bühne findet an einem Schnittpunkt, an einer Kreuzung (Intersection) statt, im durchaus religiösen Sinne. Auf der Kreuzung, so war neulich in einem Bericht über den nordirischen Konflikt zu lesen, »bleibt nichts lange ein Geheimnis. Doch wissen und lieben zugleich kann nur Gott«.

Die Ruine der Nachkriegszeit, in der wir gedanklich das Stück spielen, ist aufgehoben in der Abstraktion des Bildnerischen als Raum für das Leiden: Die Singenden in ihrer Not sind die Ruinen. Sie tragen das Opfer, den Kreuzstab. Die Frage nach Erlösung verhallt in den entvölkerten Städten. Es bleibt der Blick in die Augen des Anderen, aus Liebe, aus Mitleid.[35]

Francesco Borromini, Collegio de Propaganda Fide

Das Haus ist die Welt
Actus tragicus von Johann Sebastian Bach
Theater Basel, 22. Dezember 2000

Im *Actus tragicus* ist das Haus die Welt. Dem Einzug ins Haus folgt der Auszug, dazwischen richtet man sich ein (– im Leben). Es herrschen das tägliche Einerlei, die Mühsal und die Einsamkeit. Selbst das Singen eines Chorals ergibt keine Gemeinde als Gemeinschaft. Treibt die Angst die Menschen in ihrer Not zusammen, verursacht die Nähe nur Panik. […] So ist in unserer Aufführung Bachs Reich von dieser Welt. Die Verzweiflung vor dem Tod, das Löcken wider seinen Stachel haben den Tod verdrängt und vergessen lassen. Der Tod, der durch die Räume schleicht und noch an Jedermanns Türe klopft, ist der Narr, den Erasmus meint in seiner Rede von der »Torheit der Welt«. In der Mechanik des Handelns, im Perpetuum mobile des Lebens, im Mosaik der Rituale wird die musikalische Form in einem alltäglichen Bewegungsablauf visualisiert, die Fuge auch im Bild hörbar gemacht. Die Zeit ist der Alltag. Sie vergeht. Außerhalb dieser Zeit gibt es nichts, kein Jenseits und kein Schicksal. Die Leiche im Keller wurde vergessen. […] Die Lebensentfremdung des modernen Menschen, seine transzendentale Obdachlosigkeit, sein Narzißmus, der nur das eigene Ich zum Objekt hat, sein Autismus und sein Hochmut, findet in der Musik Bachs eine »seelische Sicherheitszone« (Attila Csampai). Der barocke Basso continuo und die strenge Kraft der Bachschen Fugen besänftigen die unruhigen Seelen und vermitteln ein Gefühl der Geborgenheit und des Seelenfriedens. »Das Ideal wäre, sich wiederholen zu können … wie Bach.« (E. M. Cioran) Außerhalb des Bachschen Klang-Raumes herrscht die Leere.[36]

Postkarte *Allein im Hotel*,
Vorlage des Bühnenbildes zu *Actus tragicus*, Basel 2000

Bühnenmodell zu *Actus tragicus*, Basel 2000

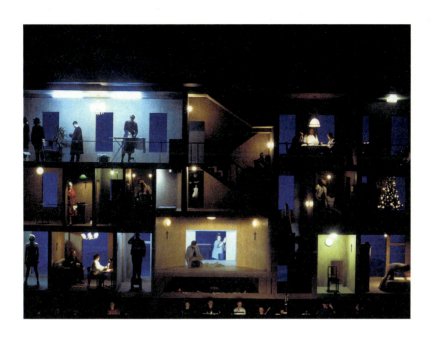

Szenenfoto zu *Actus tragicus*, Basel 2000

Es ist für mich ein unglaublicher Prozeß, zusammen mit den Sängern nicht nur die szenische Situation zu entdecken, sondern auch die Musik. Das, wie diese schwarzen Noten dann klingen.[37]

6   Der Raum als Raum für die Musik

Manuel Brug: Wie kommt es, daß in den letzten Jahren die Oper wieder an Attraktivität gewonnen hat, daß sich eine neue Sensibilität für musikalisches Theater entwickelt hat?
Das ist die Sehnsucht nach dem Gefühlsaustausch. Die wächst. Die Zeit des nur brainstorming ist vorbei, von Konzepten will keiner mehr was hören. Jetzt gilt: Let's do it, let's feel it. Es ist doch nichts langweiliger, als wenn der Vorhang aufgeht, und man erblickt ein Konzept. Natürlich muß man eins haben, und man muß es auch sehen, aber das darf doch nicht gleich jede Überraschung verderben.
Die Oper, die Musik also als Rückhalt für alles, was sonst in Scherben geht?
Kann sein. Durch die Musik wird diese exaltierte, künstliche, übersteigerte Art von Theaterspielen erst möglich und eröffnet ungeahnte Perspektiven. Da bin ich immer auf der Suche nach einer Welt, die sich eben nicht einfach abbilden läßt, sondern die erst entworfen werden muß. Zusammengehalten wird diese Welt von der Partitur. Das ist die Verabredung, das ist der Reiz.[38]

Szenenfoto zu *Hoffmanns Erzählungen*
mit Gail Gilmore, Frankfurt am Main 1985

Was ich zeigen will, ist eine Geschichte über das Erzählen
Hoffmanns Erzählungen von Jacques Offenbach
Oper, Frankfurt am Main, 6. April 1985

Die Verlockung – und meiner Ansicht nach die große Gefahr – bei diesem Stück ist, daß man es als surrealistischen Traum erzählt. Daß man etwa sagt, Hoffmann berichte biographisch von drei Liebesgeschichten, die alle ein wenig phantastisch und übernatürlich sind, und diese dann als erinnernde Rückblenden rauschhafter surrealer Erfahrungen zeigt. Solch eine Auffassung ist für mich problematisch, denn man geht damit am Titel des Stückes, nämlich *Hoffmanns Erzählungen*, vorbei und beschäftigt sich zu sehr mit E.T.A. Hoffmann und seinen skurrilen romantischen Erzählungen und weniger mit den viel später entstandenen französischen *Hoffmanns Erzählungen* von Jacques Offenbach. Was ich zeigen will, ist eine Geschichte über das Erzählen. *Hoffmanns Erzählungen* thematisiert das Erzählen auf dem Theater und das Theater selbst: Das Stück beginnt in einer Theaterpause, die Erzählungen werden ausgelöst durch Hoffmanns Begegnung mit einer Sängerin, die ihren Auftritt in *Don Giovanni* hat, während er in Lutters Keller seine Geschichten erzählt. Der Erzählende etabliert durch die Erzählungen sein Gegen-Theater zum bewunderten *Don Giovanni*.

Diese Gleichzeitigkeit zweier Opern ist Grundlage des Raumkonzepts und des Bühnenbildes: Hinter den Kulissen, im »anderen Theater« spielt *Don Giovanni*, und gleichzeitig sehen wir Hoffmanns Erzählungen, für die Hoffmann so lange braucht, wie der zweite Teil des *Don Giovanni* dauert. Die beiden Schlußpunkte decken sich, der Applaus für Stella wird hörbar, wenn Hoffmann mit seinen Erzählungen endet. Auf diese Gleichzeitigkeit kommt es mir an.

Es gibt also ein »Außen«, welches das Theater von *Don Giovanni* ist, und darüber hinaus gibt es ein »Außen«, welches auch für das Theater hinter den Kulissen liegt. Dort ist es Nacht. Es ist kalt und es regnet. Dies sieht man in allen Bildern der Inszenierung: Alle, die von draußen kommen, kommen aus der dunklen, kalten, nassen Nacht. Sie fliehen in die Räume, in die Erzählräume, ins Geschützte, wo sie aufgesogen werden von einer intimen Wärme und Nähe.

Wir haben uns überlegt, daß wir ein einziges Bild für das gesamte Stück machen, und das ist das Bild, in dem Hoffmann erzählt. Dieses Bild bleibt zwar immer dasselbe, aber es wächst, es vergrößert sich, so wie die Distanz Hoffmanns zu Stella von Akt zu Akt. Die Theatralik der Begegnungen mit den einzelnen Frauenfiguren vergrößert sich bis zum geradezu exzessiven Ausbruch beim Verlust des Spiegelbildes im Giulietta-Akt. Dies ist ein derartig großer theatralischer Affekt im Erzählenden, in Hoffmann, daß auch seine theaterräumlichen Dimensionen sich vergrößern müssen. [...]

Wir beginnen mit einem für Bühnenverhältnisse winzig kleinen Zimmer mit einem Fenster und einer Türe. Das Fenster ist schwarz, da draußen Nacht ist. Wenn man im Zimmer Licht macht, wird das nachtdunkle Fenster zum Spiegel und damit haben wir schon das Thema »Spiegel« im gesamten Stück. Die Tür führt in das andere Theater, in seine Kulissen. Durch sie sehen wir die Theaterkulisse der »anderen Oper«, durch sie hören wir das Publikum dieser Oper, und durch sie kommt dieses Publikum zur Pause in Lutters Keller und wird zum Publikum des Erzählenden.

Mit Lutters Keller aber beginnt in unserem Konzept schon das Theater im Theater. Der allererste Raum ist Hoffmanns Zimmer, seine Dichterbude, die zu Beginn von der Muse hereingebracht und eingerichtet wird. Dem Weinkellerbild bei Lutter wird das Bild der Muse vorangestellt, es setzt die Rahmenhandlung des Stückes. Die Muse ist die Figur, die diese Raumaufteilung Innen – Außen kreiert: Zuerst wird die Bühne ein schwarzes Loch sein, man sieht nichts. Dann kommt die Muse herein, mit Schirm und Regenmantel, da es draußen ja regnet, und bringt den Theaterraum mit herein. Dies ist, wie gesagt, das Zimmer eines Dichters, eines Alkoholikers und als solches richtet sie es ein: stellt Flaschen hinein, legt Manuskripte aus. Sehr genau stellt sie eine künstlerische Unordnung her, zerreißt beispielsweise ein Manuskript, weil er das auch immer tut, füllt ein Glas genau halbvoll. Sehr gezielt also schafft sie das Ambiente, inszeniert sie den Dichter.

Wenn das Zimmer dann eingerichtet ist, stellt sie sich dem Publikum vor: Ich bin die Muse und werde mich jetzt in Niklas verkleiden, um

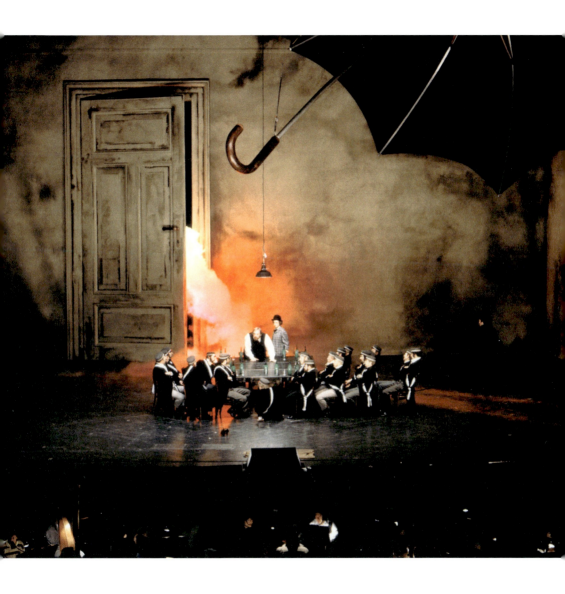

Hoffmann im folgenden zu beschützen. Da die Muse in diesem Prolog einen Kontakt zum Zuschauer hergestellt hat, kann sie auch im weiteren Verlauf immer wieder aus dem Spiel heraustreten und sich direkt ans Publikum wenden. Die Muse kommentiert das ganze Stück. Mit ihrem Mehr-Wissen kann sie als Niklas ihre Rolle bis zum Parodisten der Handlung ausbauen. Am Schluß des Stückes wird sie sich in die Muse zurückverwandeln und Hoffmann auf den Kneipentisch stellen wie auf eine Bühne, auf der er den Beifall des Publikums entgegennehmen soll. Im allerletzten Bild, noch nach dem Lutter-Bild des 5. Aktes, sieht man die Rückseite des Vorhangs des dritten Theaters, und zwar den Vorhang des Frankfurter Hauses, hinter dem die Darsteller sich beglückwünschen für die gelungene Vorstellung und dann vor den Vorhang treten, um sich für den Beifall zu bedanken.

Im übrigen bleiben die Räume leer bis auf die Figuren, die sie jeweils benutzen und deren unerläßliche Requisiten: einen Schreibtisch, einen Stammtisch, einen Automaten, einen Konzertflügel, eine Gondel. Die Kostüme sind historische Gesellschaftskleidung, d.h. Abendgarderobe des 19. Jahrhunderts, in schwarz und weiß gehalten. Nur von den Frauen erzählt Hoffmann farbig...

Die Muse ist eine allegorische Figur, eine Theaterallegorie. Sie sagt, ich verkleide mich als sein Freund Niklas, um der Sache zu dienen. Es hat große Konsequenzen für die Inszenierung und macht viel Spaß, mal nicht diese Hosenrolle Niklas, sondern eine Frau, die diesen Mann spielt, zu zeigen. Und zwar glaubhaft für Hoffmann. Wir, die Zuschauer, wissen, daß darunter die allegorische Theaterfigur, die Kulturbeamtin Muse, steckt, die einen Auftrag zu erfüllen hat. [...]

Kunst geht, so behauptet Offenbach, nicht, wenn man nur besoffen oder nur verliebt ist, sondern wenn man verliebt ist und leidet. Die-

Szenenfoto zu *Hoffmanns Erzählungen*
mit William Cochram, Elizabeth Parcells und Willy Müller,
Frankfurt am Main 1985

ses Leid, wenn Stella geht, ist konkret für Hoffmann und damit Quelle seiner künstlerischen Produktivität. Hoffmann ist nicht frei, sondern auf das bürgerliche Klischee »Künstler« festgelegt. Darin besteht die Aktualität. Das ist die bürgerliche Kunsttradition, die immer noch genau die gleiche Funktion hat. Die Muse ist sicherlich teilweise im Kulturbeamten versteckt, aber gleichzeitig ist sie 19. Jahrhundert. Wir zehren immer noch vom 19. Jahrhundert, wir beuten es sozusagen aus.[39]

Das scheinbar Historische parabelhaft gebrochen
Boris Godunow von Modest Mussorgski
Großes Festspielhaus, Salzburg, 26. März 1994

Manuel Brug: Wie also inszenieren Sie Ihren russischen showdown Boris Godunow*?*
Er wird sich ereignen vor einer Portrait-Galerie aller russischen Herrscher, von den allerersten über Iwan den Schrecklichen bis hin zum heutigen Boris (Jelzin), und es ist auch noch Platz für andere. Es werden lauter verfremdete Photographien zu sehen sein und – wie als Menetekel – der Name »Boris Godunow«, der zum ersten Mal erscheint, wenn er gewählt wird. Ein großes Memorial der Macht also, wie in Washington, ein schauergrausiges Mausoleum von Herrschern. Um zu zeigen: Es geht immer so weiter.
Wie gehen Sie mit einer solchen Großproduktion um?
Nach den *Meistersingern* ist das mein schwerster Brocken. Es wird ein großes Fresko werden, schon weil ich gerade drei Wochen Probenzeit habe, also machen wir es breitwandmäßig. Fast leere Bühne, offen bis zur Brandmauer und ins Gestänge. Alles sehr dunkel, sicherlich kein

Szenenfoto zu *Hoffmanns Erzählungen* mit
William Cochram, Hildegard Heichele, Dieter Schweikart
und Marianne Rørholm, Frankfurt am Main 1985

Szenenfoto zu *Boris Godunow*, Salzburg 1994

Festspiel. Ich möchte auch gerade dieses Stück nicht übermäßig psychologisieren. Das wäre hier einfach falsch. Ich war in Berlin in der konzertanten Aufführung, und dort haben sie nur ein klein wenig szenisch angedeutet, das hat vollkommen gereicht. Ich will auch keine Brokate, keine russischen Kostüme. Diese schlichte, kraftvolle Musik verlangt die größtmögliche Einfachheit.
Also endlich mal wieder eine Oper für das Große Festspielhaus?
Auf jeden Fall. Die Masse und der einzelne, der auf dieser Bühne völlig verlorengeht. Da ist es gut, nur so wenig Zeit zu haben. Da kann man nicht an Details rumpopeln, man ist gezwungen, es durchzuziehen. Deshalb habe ich lauter Modelle mit Hunderten von Figuren drin gebaut. Damit ich allen zeigen kann, wo wir in jedem Bild hinkommen wollen.
Welche Fassung wird gespielt?
Die Urfassung mit dem Polen-Akt. Ich finde ihn, wie auch Claudio Abbado, sehr wichtig. Denn so kommt die politische Intrige mit ins Spiel und natürlich auch eine Frau. Ohne den Polen-Akt ist mir das zu theoretisch. Es gibt natürlich keine Balletteinlage, aber die herrliche Polonaise wird gespielt. Da zeige ich ein wahnsinniges Gesellschaftsbild, einfach eine ausgelassene Masse von Menschen: Frauen und Männer, die ihre Champagnerlaune ungeniert austragen, weil man sich das ja in Polen erlauben kann. Das wird ganz dekadent; im Grunde geht da einfach ein Festspielpublikum über die Bühne.
Der Boris *ist ja plötzlich wieder sehr aktuell. Kann man in einer heutigen Inszenierung das heutige Rußland außen vor lassen?*
Ich weiß nicht so recht. Ich kann nur sagen, was mich nicht interessiert: die Behauptung, das sei eine historische Oper. Denn das würde bedeuten, es auf Rußland festzulegen. Ich versuche schon, auf die überzeitlichen abstrakten Aspekte abzuzielen, die Herrschaftsstruk-

turen, das Leid eines Volkes, das offenbar unausrottbar ist und das nicht nur für die russische Geschichte steht. Das scheinbar Historische ist parabelhaft gebrochen.[40]

Szenenfoto zu *Boris Godunow* mit
Anatoli Kotscherga und Marjana Lipovšek, Salzburg 1994

Es besteht Anlaß zur Trauer, nicht zur Resignation
Fidelio von Ludwig van Beethoven
Großes Festspielhaus, Salzburg, 10. August 1996

Albrecht Puhlmann: Sie wirken erleichtert.
Das bin ich auch, ja!
Sie hatten gestern Besuch in Ihrem Atelier in Basel: Sir Georg Solti und Gerard Mortier waren hier. Was gab es denn Wichtiges?
Ich denke, daß wir endlich eine Lösung für das erste große Problem gefunden haben: Wo spielt *Fidelio*, welchen interpretierenden Rah-

Probenfoto zu *Fidelio*,
Herbert Wernicke und Georg Solti, Salzburg 1996

men finde ich, um dieses Stück adäquat zu erzählen? Es gilt ja, das zentrale Anliegen Beethovens in Beziehung zu setzen zu uns und unseren Erfahrungen. Und das sind ja zunächst Erfahrungen nicht so sehr gesellschaftlicher oder politischer Natur, sondern vor allem solche, die wir mit diesem Stück, das doch jeder zu kennen glaubt, gemacht haben. Es gilt, sich von all dem Schutt und Schrott zu befreien, der sich seit der Uraufführung durch die Rezeption angehäuft hat. Bis in den Sprachgestus der Dialoge hinein scheint eine schlechte Aufführungstradition immer noch wirksam zu sein.

Wie haben Sie sich befreit?

Das war bis heute, also Ende Januar, die große Anstrengung. Gerard Mortier und Sir Georg Solti waren aus der Distanz und auch aus der Nähe Zeugen und offenherzige Begleiter beim Versuch einer Entrümpelungsaktion, von der ich hoffe, daß sie hilft, Beethovens *Fidelio* wieder einmal neu zu hören und zu sehen.

Könnten Sie vielleicht versuchen, die Essenz des Stücks zu benennen?

Da muß man gleich beim Titel anfangen: Beethoven nennt sein Stück »Große Oper«. Das meint natürlich bei einem Komponisten wie Beethoven mehr als nur die Übersetzung der französischen Genre-Bezeichnung Grand Opéra.

Meiner Ansicht nach bezieht sich das »groß« auf die Größe des Gedankens, um den es Beethoven ging. Also Große Oper im ideellen Anspruch, groß im Anspruch einer Befreiungsutopie, die vorher und nachher – und bis heute – nichts von ihrer Größe verloren hat, weil der Anlaß, die Oper zu schreiben, nicht verschwunden ist. Es ist deshalb so wichtig, darauf hinzuweisen, weil man das Genrehafte der Grand Opéra, das auch im Textbuch zu *Fidelio* zuhauf zu finden ist, meiden muß wie die Pest. Die Größe (des Gedankens) liegt in der Musik, nicht im Stück.

Wie sieht denn nun der »interpretierende Rahmen« für diesen Großen Gedanken aus?

Der Große Gedanke braucht grundsätzlich einen anderen Platz und Raum, als jeglicher Realismus es ausdrücken könnte. Auch ein Gefängnis im übertragenen Sinne, wie es vielleicht ein deutsches Wohnzimmer darstellt – auch daran habe ich mal gedacht –, könnte die Wirklichkeit, die Beethoven meint, nicht einfangen. Er meint eine andere Wirklichkeit als die reale des Gefängnisses, er meint die Wirklichkeit der Musik, in der die Befreiung – und nur in ihr – geschieht.

Das heißt also, daß Sie nicht der Meinung sind, daß Beethoven eine Utopie breit auspinselt, die man, nach all den Entsetzlichkeiten dieses zu Ende gehenden Jahrhunderts, nur kritisch befragen und resigniert »zu den Noten« legen sollte.

Es besteht Anlaß zur Trauer, nicht zur Resignation. Man darf aber nicht vergessen, daß nur einer für die Generalamnestie am Ende zuständig sein kann: der Künstler. In seinen Noten gibt es die Utopie – nirgendwo sonst gewinnt sie Realität.

Und, um auf Ihre Frage zurückzukommen, dem muß der Raum und damit auch die Inszenierung Rechnung tragen. Den Raum, den Sie hier im Modell vor sich sehen, würde ich einen Oratorien-Raum nennen, für ein sehr schwarzes Oratorium allerdings…

Der schwarze Oratorien-Raum aber scheint aus den Fugen geraten – von Anfang an?

Von Anfang an, natürlich. Den Drang, den Wunsch nach Freiheit gab es vorher schon und nachher auch – und so, wie die Menschen nach Freiheit streben, so auch der Raum, seine Tektur gerät aus den Fugen. Es gibt einen Moment, wo Beethoven die auseinanderstrebenden Elemente der Figuren in ihrem Raum zusammenzuhalten versucht: im Quartett Nr. 3 – einem Moment rückwärtsgewandter Utopie, die

Musik erinnert sich da an Mozart – behauptet Beethoven einen
»rechten« Winkel, gewissermaßen da, wo es keinen (mehr!) gibt.
*Utopie ohne Freude, als Freude der Erfüllung von Sehnsucht – betrifft
das Ihrer Meinung nach auch das Liebesdrama* Fidelio*?*
Fidelio ist keine romantische Oper. Das Hohelied der Gattenliebe ist
Beethovens ureigenste Utopie. Die permanent enttäuschte Liebe
suchte sich ihren Stoff – bleibt aber Utopie. So bricht Beethoven mit
der Romantik, ehe sie eigentlich losgeht, – Erlösungsdramen kommen später. Allerdings bleibt etwas: Die Liebe triumphiert über alle
menschlichen und politischen Katastrophen. Ketten, Gitter, Rost und
Wasser sind schauerliche Vorstellungen der Arbeit gegen die Liebe.
Wie in den aufgeklärten Opern des 18. Jahrhunderts, wie in Mozarts
Così fan tutte (ja!), triumphiert die Liebe – die mehr ist als die geschlechtliche und etwas anderes als die Gattenliebe: Es triumphiert
die Liebe zum Anderen, wer es auch sei!
Also doch ein Trost …?
… Und eine Aufforderung![41]

Die bürgerliche Oper weitet sich zum weltanschaulichen Traktat

Von der Helligkeit über die Finsternis zum grellen Licht des Finales
– das sind die äußeren Stationen einer möglichen Dramaturgie des
Lichts in Beethovens *Fidelio*. Sie gewinnt Bedeutung auf dem Hintergrund einer Mythologie des Lichts und der Tugend, wie sie die Französische Revolution im Gefolge der Aufklärung herausgebildet hat.
Der Hof eines Staatsgefängnisses wird zum Ort der Tugend durch
Leonores Rettungsvorhaben. In die Helligkeit kommen die Gefangenen in einer Gegenbewegung ans Licht, ehe Leonore als Retterin in

die Finsternis der unterirdischen Gewölbe steigt. Die heroische Tat Leonores vertreibt alles Dunkel.

Die Polarität von Licht und Dunkelheit ist das Prinzip des Universums selbst. »Es ist die ewige Formel des Lebens, die sich auch hier äußert«, schreibt Goethe in seinen *Beiträgen zur Optik*: »Wie dem Auge das Dunkle geboten wird, so fordert es das Helle; es fordert Dunkel, wenn man ihm Hell entgegenbringt und zeigt eben dadurch seine Lebendigkeit, sein Recht, das Objekt zu fassen, indem es etwas, das dem Objekt entgegengesetzt ist, aus sich selbst hervorbringt.« Das eine ist ohne das andere nicht denkbar, und bis in die geistige Welt gilt, daß das Licht nicht ohne das Dunkel ist, wie Subjekt nicht ohne Objekt. Diese so simple Erkenntnis aber war mit der ebenso einfachen Metapher des über alle Finsternis siegenden Lichts (der Vernunft und der Transparenz der Gefühle) vergessen worden. Die Strahlen der (Vernunft-)Sonne vertrieben die Nacht- und Schattenseiten der menschlichen Natur und politischen Wirklichkeit.

Szenenfoto zu *Fidelio* mit Ben Heppner und Cheryl Studer, Salzburg 1996

Fidelio haftet als Verlogenheit an, was menschlich-allzumenschlicher Vergeßlichkeit entspringt. Die Aufführung bezieht dagegen Stellung: Sie errichtet Wände gegen das Licht einer besserwisserischen Aufklärung.

Die Geschichte der Französischen Revolution hat gezeigt, und darüber kann heute keine ungetrübte Feststimmung hinwegtäuschen, daß die Herrschaft der Tugend und die Verbreitung der revolutionären Prinzipien gleichzeitig von Zweifeln und Schrecken begleitet werden. Allein die Vernunft glaubte sich damals wie heute fähig, alles in Licht zu verwandeln – und den Schatten vergessen machen zu können.

Das Vergessen aber schafft Leiden. Die Trennungslinie zwischen Licht und Schatten wird zum inneren Riß, gegen den sich das jeweils Individuelle aufbäumt. Hier entscheidet sich, ob *Fidelio* als Oper zu inszenieren sei oder als szenisches Oratorium.

Im *Humanismus des anderen Menschen* des Philosophen Emmanuel Levinas heißt es einmal: »Niemand kann in sich selbst bleiben: Die Menschlichkeit des Menschen, die Subjektivität, ist Verantwortung für den anderen, eine äußerste Verwundbarkeit.« Von dieser Radikalität ist Beethovens *Fidelio* da, wo wir sie zulassen und bereit sind, neu zu sehen und zu hören = zu denken. Zur zentralen Aussage und zum moralischen Postulat der Oper, gleichsam zu ihrem »großen Gedanken«, wird aus dieser Perspektive Leonores »Wer du auch seist, ich will dich retten …«. Hier, und nicht in der übermenschlich und zur Ideologie erstarrten Treue als Gattenliebe bis in den Tod, gewinnt Leonore jene neue Identität, die der Mensch nach Levinas im Sein für den anderen gewinnt, wer er auch sei …

Levinas spricht in anderem Zusammenhang von der »irrealen Realität« der Menschen, »die im alltäglichen Weltgeschehen verfolgt werden, um deren Würde und Sinn die Metaphysik sich nie gekümmert hat«. Ein besseres Argument für eine Aufführung von *Fidelio* ließe sich kaum denken, gilt es doch, allen Feiertags- und Festesaffirmationen zu entgehen und zum Kern der Oper in einer abstrakten Präsentationsform zu gelangen. Will man weder Denunziation noch Affirmation der Oper, sondern die »Passion für den Humanismus des anderen Menschen« zeigen, darf man sie denn für Beethoven reklamieren, dann bedarf es der größten Bildnis- und Realitätsverweigerung; ein Raum als Raum für die Musik, in dem sich der konkrete Inhalt der Musik entfalten kann. Denn nur in ihr, beglaubigt durch den Komponisten und seine Noten, scheint Utopie auf.

Die Menschen der Oper sind selber Gefangene. Sie tragen das Gefängnis in sich. Sie leben in einem Weltkerker, in dem Zeit und geschichtlicher Raum aufgehoben sind. *Fidelio* ist hierin von einer vollkommenen Zeitlosigkeit: jede historische Fixierung ist irrelevant.

In der Suche nach Identität unterliegen die Menschen im Weltkerker der Täuschung und dem Wahn. Einmal, im ersten Akt der Oper, werden sich die Figuren in einem Moment der Gemeinsamkeit, in der rückwärtsgewandten Utopie des mozart-nahen Quartetts, ihrer Opfer inne. Die Musik transzendiert hier sowohl die Trivialität Roccos wie die Idealität Leonores durch den gewissermaßen »heimatlichen« Ton Mozarts, der fremd und abgründig im neuen Zusammenhang wirkt.

Den Moment des Stillstandes, des Innehaltens, der Besinnung zerbricht schockhaft die Goldarie Roccos – und beweist damit ihre immanente Wichtigkeit.

Florestans Kerker ist die Nachtseite der Welt. Die Finsternis ist an die Stelle des Lichts getreten. An diesem Ort werden Ungeheuer und Visionen geboren. Der gestirnte Himmel über Florestan weiß dem

Schrei keine Antwort. In der Schwärze des Universums verhallt er ungehört. Am Schluß, im finalen Jubel entwirft Beethoven das Bild einer befreiten, von ihrer Leidensgeschichte erlösten Menschheit. Der Gestus dieses Entwurfs trägt deutlich die Zeichen eines Verzweifelten.

Wir wissen heute, gegen welche Finsternis Beethoven seinen Entwurf setzte. Die Harmonie und Ordnung des Schlußbildes, die Vision einer Gemeinschaft von Gleichen mag den Zuschauer heute offenhalten fürs finstere Gegenteil: die Aufhebung jeder Individualität und jeder Bewegung. Die Regelmäßigkeit und Ordnung stehen für eine wahnsinnig gewordene Rationalität. Gleichheit droht sich in Konformität, Bedürfnis nach Glück in Konsumtion, Freiheit in bloße Zustimmung zu verkehren.

Diesem Befund, der sich gern in einem propagierten »Ende des Menschen« manifestiert, widersetzt sich die Aufführung durch Rettung ins Oratorische: der Raum für das Stück kann so nur ein Oratorium-Raum sein. Die Schwärze unserer Erfahrungen aber ist auch ihm eigen, seine Tektur ist aus den Fugen, einen rechten Winkel kennt er nicht: Harmonie ist Behauptung. Das »Drama vom Humanismus des anderen Menschen« soll sich in ihm als geistiges entfalten.

Taugt Beethovens »Versuch einer Oper« zum Festspiel? Den Festspielanlaß hat das heldische Vorbild Leonores zu liefern. Die befreite Menschheit dient als Beispiel und Aufforderung, daß der einzelne aus seinen Ketten sich befreie: das menschliche Vorbild als Aufforderung zum humanen Miteinander. Die bürgerliche Oper weitet sich zum weltanschaulichen Traktat. Man fühlt sich aufgehoben im jubelnden Finale; das Einverständnis mit Beethovens Botschaft bestimmt den Theaterabend und macht ihn zum Fest … Die Fragwürdigkeit dieser allzu raschen Einvernahme liegt auf der Hand, die

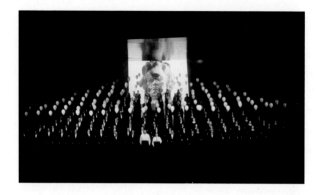

Schwärze und Trostlosigkeit einer nicht nachvollziehbaren Utopie, eine Utopie ohne Freude, steht dagegen. Die geschichtliche Realität Mitteleuropas muß den Einspruch gegen das »Festliche« liefern. Jede Befreiung ist, um mit dem berühmten Buchtitel von Primo Levi zu reden, nur eine »Atempause«: dem wunderbaren Gesang von Rettung und Erlösung »O Gott, o welch ein Augenblick! O unaussprechlich süßes Glück!« folgt kein Paradies und keine Erlösung, sondern wieder die Hölle...

Jean Améry schließt seinen ergreifenden Bericht über *Die Tortur* von 1965 mit den Worten: »Wer gemartert wurde, bleibt waffenlos der Angst ausgeliefert. Sie ist es, die fürderhin über ihm das Szepter schwingt. Sie – und dann auch das, was man Ressentiments nennt, welche bleiben und nicht einmal die Chance haben, sich in einem Verlangen nach Rache zu verdichten – und zu reinigen. Darüber blickt keiner hinaus in eine Welt, in der das Prinzip Hoffnung herrscht.«

Nur unter dieser Perspektive taugt *Fidelio* zum Festspiel.[42]

Szenenfoto zu *Fidelio*, Salzburg 1996

Lieber Gerard,

Zu Ihrem offiziellen Abschied aus Salzburg schreibe ich Ihnen diese Zeilen aus New York während meiner Beleuchtungsproben zu „Frau ohne Schatten".

Ich bin betrübt darüber, daß ich an Ihrem letzten Tag ~~mit Ihnen und all~~ ~~allen anderen Mitarbeitern~~ nicht in Salzburg sein kann. Wie gerne hätte ich Sie persönlich ~~begrüßt~~ gegrüßt und zusammen mit allen anderen Kollegen und Mitarbeitern für eine große Dekade gefeiert. So muß ich es auf diesem Weg versuchen.

Die herausragenden ~~Momente~~ Ihrer Arbeit gleichen den Themen der „Frau ohne Schatten": Die Kraft selbstaufopfernder Liebe — ~~auch für die Kunst~~, die Anerkennung der Verantwortung gegenüber der gegenwärtigen und zukünftigen Menschheit,

Handschriftlicher Entwurf eines Briefes an Gerard Mortier, o. O., o. D.

und die Bereitschaft, zu leiden und sich sogar dem Tod zu stellen, um sein Leben voll ausleben zu können.

In diesem Kontext ist es die selbstaufopfernde Liebe für die Kunst und das ~~Verantwortung~~ unendliche Vertrauen, das diese Liebe den Künstlern schenkt; ist es die Verantwortung gegenüber dem gegenwärtigen Publikum sich zu einer Kunst zu bekennen, ~~über~~ der das zukünftige noch lernen kann; ist es die Bereitschaft, sich Gegnern und Kritikern zu stellen ~~und~~ erst recht die Liebe, die Verantwortung und das Leiden leben zu können. ~~Dies~~ So habe ich das in den letzten zehn Jahren von Ihnen ~~gelernt~~ ~~und erlebt und gelebt.~~
erfahren, erlebt und gelebt.

In diesem Kontext hat auch das Lob, das Ihren ~~enormen~~ Können und dem kreisen Entwurf für neue Denk- und Sehweisen und deren ~~Ermöglichung~~ Verwirklichung gilt, Resonanzen, die über Ihre Epoche hinausgehen werden.

Für die Erfahrungen, die ich mit Ihnen in Brüssel und in Salzburg-/ferten durfte, danke ich Ihnen mit aufrichtiger Hochachtung und wünschte mir sehr, daß wir diese weiterhin, an einem anderen Ort fortsetzen könnten.

Dr. Wolfgang Trautwein
Herbert Wernicke im Archiv der Akademie der Künste

Noch in seinem Todesjahr 2002 gelangte der künstlerische Nachlaß von Herbert Wernicke als Schenkung in das Archiv der Akademie der Künste: Verpflichtung und Ansporn, die Verzeichnung des bedeutsamen und umfangreichen Bestands von 12 laufenden Metern mit insgesamt ca. 10 000 Blatt, 2 000 Fotos, 20 Partituren und 50 Klavierauszügen schnell abzuschließen. Heute kann die Akademie das komplett verzeichnete Wernicke-Archiv zum 60. Geburtstag des Künstlers in einer Ausstellung am Pariser Platz und dieser Publikation vorstellen. Das gelang nur durch tatkräftige Mithilfe vieler, die ihm nahestanden, seine Arbeit mitgetragen haben und mit großer Selbstverständlichkeit zum Gelingen unseres Vorhabens beitrugen, insbesondere Desirée Meiser-Wernicke, Eva-Mareike Uhlig und Albrecht Puhlmann sei nachdrücklich gedankt. Den Kolleginnen Ilse Kobán und Andrea Rolz danken wir das Ausstellungskonzept, Simone Schmaus die Ausstellungsgestaltung, die vorliegende, von Julia Bernhard und Barbara Voigt lektorierte Publikation ebenfalls den genannten Archiv-Mitarbeiterinnen. Auf Wernickes Überlegungen über das Theater und seine bühnenbildnerische und Regiearbeit konzentriert, belegt sie den Glücksfall, daß Reflexion und Sprache des Künstlers das Niveau seiner Inszenierungen halten.

Herbert Wernicke ist im Archiv der Akademie der Künste in guter Gesellschaft, unter Bühnenbildnern, die wie er selbst Regisseure wurden: Jean-Pierre Ponnelle, Axel Manthey, Einar Schleef und – zu Lebzeiten – Achim Freyer; unter Regisseuren, die wie er hauptsächlich für das Musiktheater arbeiteten: Carl Ebert, Walter Felsenstein, Götz

Friedrich, Joachim Herz, Ruth Berghaus und – zu Lebzeiten – Peter Konwitschny. Herbert Wernickes Archiv bereichert die Akademiebestände außerordentlich; sein Spektrum reicht weit und erschließt auch die Ränder des gängigen Opernrepertoires, bis zur Barockoper, zur szenischen Einrichtung konzertanter Werke und zur Operette. Insgesamt 180 Ausstattungen und Inszenierungen sind in seinem Archiv dokumentiert. Es enthält fast 1 000 Skizzen und Entwürfe, aber auch Notate und Briefe. Die überlieferte Korrespondenz richtet sich in erster Linie an die Bühnen; private Briefe und Fotos sind in geringem Umfang enthalten. Das Wernicke-Archiv birgt darüber hinaus einige Besonderheiten: eine Auswahl freier bildkünstlerischer Arbeiten und die Sammlung eigener Fotografien, die eine gesonderte Ausstellung Wert wären, die Stierkampf-Materialsammlung und mehrere kleinteilige Bühnenmodelle. Über die Gesamtheit der Archivalien geben ein Findbuch und eine Datenbank Auskunft, die in absehbarer Zeit auch über das Internet recherchierbar ist. Das Werkverzeichnis liegt als interne Datenbank des Archivs vor, das mit seiner Eröffnung dazu einlädt, Herbert Wernicke post mortem in den Dokumenten seiner Arbeit zu begegnen.

Herbert Wernicke
Lebensdaten

1946 geboren am 24. März in Auggen, Markgräfler Land
ab 1965 Musikstudium in Braunschweig (u. a. Klavier, Flöte, Dirigieren)
1967–1971 Ausbildung zum Bühnenbildner an der Akademie der Bildenden Künste München bei Rudolf Heinrich und Studium der Kunstgeschichte
1970 Kostüm- und Bühnenbildner am Theater in Landshut
1972–1974 Engagement an den Wuppertaler Bühnen
ab 1975 freiberuflich tätig
1978 Regiedebüt am Staatstheater Darmstadt mit *Belsazar* von Georg Friedrich Händel; danach Regie- und Bühnenbildarbeiten in München, Kassel, Hannover, Berlin, Schwetzingen, Hamburg, Frankfurt am Main, Amsterdam u. a. mit szenischen Einrichtungen von Werken Johann Sebastian Bachs, Georg Friedrich Händels, Heinrich Schütz' und Antonio Vivaldis
ab 1989 Wohnsitz in Basel; regelmäßige Inszenierungen am Theater Basel
1991 erste Inszenierung *Der Ring des Nibelungen* von Richard Wagner am Théâtre Royal de la Monnaie in Brüssel
1993 Regiedebüt bei den Salzburger Festspielen mit *Boris Godunow* von Modest Mussorgski; weitere Engagements in Brüssel, Salzburg, Madrid, Wien, Aix-en-Provence, Barcelona, Paris und London
2001 Regiedebüt an der New Yorker Metropolitan Opera mit *Die Frau ohne Schatten* von Richard Strauss
2001 Inszenierung *Actus tragicus*, szenische Einrichtung von Kirchenkantaten Johann Sebastian Bachs, am Basler Theater – Auszeichnung mit dem Bayerischen Theaterpreis
2002 Europäischer Kunstpreis; zweite Inszenierung *Der Ring des Nibelungen* an der Bayerischen Staatsoper, München, – nur *Das Rheingold* wurde realisiert, Inszenierung *Israel in Egypt* von Georg Friedrich Händel am Theater Basel, posthum aufgeführt mit konzertantem zweiten Teil
Herbert Wernicke stirbt am 16. April in Basel

Textnachweis

Die Texte wurden zum Teil behutsam gekürzt. Die Originale sind bei Bedarf im Herbert-Wernicke-Archiv der Akademie der Künste einzusehen.

1 *Ich schaue gern in die Fenster anderer Leute.* Herbert Wernicke im Gespräch mit Manuel Brug über Barock-Oper, Operette, Räume auf der Bühne und den Salzburger *Boris Godunow*, in: Opernwelt, März 1994, S. 4
2 Ebenda, S. 4
3 Albrecht Puhlmann / Herbert Wernicke: *Zur Aufführung*, in: *Florentiner Intermedien von 1589*, Programmheft, Staatstheater Kassel, 1984, S. 113
4 Ebenda, S. 113
5 Ebenda, S. 113-114
6 *Ich schaue gern in die Fenster anderer Leute*, a.a.O., S. 4–6
7 *Leidenschaften werden entfesselt.* Mario Gerteis im Interview mit dem Regisseur Herbert Wernicke über Monteverdi und den Anfang des Musiktheaters, in: Tages-Anzeiger, Zürich, 17.11.1993
8 *Ich schaue gern in die Fenster anderer Leute*, a.a.O., S. 4
9 Ebenda, S. 4
10 Ebenda, S. 6
11 Ebenda, S. 5
12 *Herbert Wernicke oder: Die Geometrie der Oper*, Fernsehfilm von Roland Zag und Cornelia Dvořák, ZDF, 1996
13 Herbert Wernicke: *Moses und Aron.* Aus einem Vortrag, in: Oper Frankfurt, Nr. 8, April/Mai 1990, S. 4–5
14 *Herbert Wernicke oder: Die Geometrie der Oper*, a.a.O.
15 Ebenda
16 *Ich schaue gern in die Fenster anderer Leute*, a.a.O., S. 5
17 *Herbert Wernicke oder: Die Geometrie der Oper*, a.a.O.
18 Frieder Reininghaus: Wortlaut des Interviews mit Herbert Wernicke, Amsterdam, 13.6.1997 für NDR-Musikforum
19 Sigfried Schibli: *Sogkraft des Theatralischen.* Der Opernregisseur Herbert Wernicke im Gespräch, in: Neue Zeitschrift für Musik, H. 6, Juni 1990, S. 33
20 Herbert Wernicke: *Operette als ironische Utopie*, in: Theater Basel 1988–1993, Basel 1993

21 *Moralische Abgründe. Fledermaus* im Kleinen Haus. Dieter Kömel im Gespräch mit Herbert Wernicke, in: Stuttgarter Nachrichten, 31.12.1993
22 *Trivialität und Melancholie*. Joachim Klement und Albrecht Puhlmann im Gespräch mit Herbert Wernicke über Ungarn, das Theater, Illusionen, Melancholie und Federico Fellini, in: *Der Zigeunerbaron* von Johann Strauß, Programmheft, Deutsches Schauspielhaus, Hamburg, 1993, S. 22–34
23 Herbert Wernicke: *Zum Inhalt. Zur Aufführung*, in: *¡Ay Amor!* von Manuel de Falla, Programmheft, Theater Basel, 1995, S. 4–5
24 Sigfried Schibli: *Sogkraft des Theatralischen*, a.a.O., S. 33–34
25 *Herbert Wernicke oder: Die Geometrie der Oper*, a.a.O.
26 Ebenda
27 Richard Strauss: *Der Rosenkavalier*, Albrecht Puhlmann: Interview mit Herbert Wernicke, in: Oper / Konzert 1995. Beilage zu: Oper 1995. Das Jahrbuch der Zeitschrift Opernwelt, 1995
28 Herbert Wernicke: *Gedanken zur Konzeption*, in: *Elektra* von Richard Strauss, Programmheft, Bayerische Staatsoper, München, 1997, S. 16–17
29 *Ich bin bald ein Strauss-Spezialist*. Herbert Wernicke im Interview mit der Zeitschrift Takt, in: Takt, Magazin der Bayerischen Staatsoper, Nr. 2, Okt./Nov. 1997, S. 6–9
30 Ebenda, S. 9
31 Herbert Wernicke: Inhaltsangabe zu *Die Frau ohne Schatten*, Handschrift, Archiv der Akademie der Künste, Nachlaß Herbert Wernicke, Nr. 368
32 Sigfried Schibli: *Sogkraft des Theatralischen*, a.a.O., S. 30
33 Ebenda, S. 30
34 *Herbert Wernicke oder: Die Geometrie der Oper*, a.a.O.
35 A.P. [d.i. Albrecht Puhlmann] / H.W. [d.i. Herbert Wernicke]: *Zwischen Himmel und Hölle der Krieg. Anmerkungen zur Aufführung*, in: *Wie liegt die Stadt so wüste, die voll Volkes war* von Heinrich Schütz und Matthias Weckmann, Programmheft, Theater Basel, 1999, S. 18–21
36 A P [d.i. Albrecht Puhlmann] / H W [d.i. Herbert Wernicke]: *Im Schutz der Wiederholung. Anmerkungen zur Aufführung*, in: *Actus tragicus* von Johann Sebastian Bach, Programmheft, Theater Basel, 2000, S. 65–66
37 Frieder Reininghaus: Wortlaut des Interviews mit Herbert Wernicke, a.a.O.
38 *Ich schaue gern in die Fenster anderer Leute*, a.a.O., S. 6

39 Gespräch mit Herbert Wernicke und anderen über *Hoffmanns Erzählungen*, in: Musiktheater Hinweise, Oper Frankfurt, März/April 1985, S. 2–5
40 *Ich schaue gern in die Fenster anderer Leute*, a.a.O., S. 7
41 *Fidelio ist auch eine Aufforderung*. Albrecht Puhlmann: Interview mit Herbert Wernicke, in: Salzburger Festspiele 1996. Beilage zu: Oper 1996. Das Jahrbuch der Zeitschrift Opernwelt, 1996
42 Albrecht Puhlmann / Herbert Wernicke: *Utopie ohne Freude*. Notizen zur Aufführung, in: *Fidelio* von Ludwig van Beethoven, Programmheft, Großes Festspielhaus, Salzburg, 1996, S. 27–29

Fotonachweis

Die Fotos befinden sich bis auf wenige Ausnahmen im Archiv der Akademie der Künste, Berlin. Einige ausgewiesene Fotos sind Leihgaben. Nicht in allen Fällen war es möglich, die Rechteinhaber und Fotografen ausfindig zu machen. Berechtigte Ansprüche werden im Rahmen der üblichen Vereinbarungen abgegolten.

Akademie der Künste, Berlin, Herbert-Wernicke-Archiv: Mara Eggert 97, 98; Claude Giger 80–81; Sebastian Hoppe 115, 119; Matthias Horn 70, 71; Johan Jacobs 51–53; Klaus Lefebvre 18, 37; Roland Merz 106; Bettina Müller 65; Halina Ploetz 48; Marie-Noelle Robert 38, 41; Peter Schnetz Umschlagfoto, 4, 60, 76, 77, 134, 138; David Scholz 118 oben; Herbert Wernicke 59; Leonard Zubler 46

Leihgeber: Archiv der Salzburger Festspiele: Klaus Lefebvre 30 / Deutsche Staatsoper, Berlin: Marion Schöne 33–35 / Deutsches Theatermuseum München: Archiv Abisag Tüllmann 84, 91 / Mara Eggert 120, 125, 127, 128 / Werner J. Hannappel 114 / Sebastian Hoppe 112, 113 / Thomas Huther 2, 21, 22, 24, 26, 28 / Metropolitan Opera, New York: Marty Sohl 82, 101 / Bettina Müller 104, 108–110 / Schaffer 130–131,133 / Peter Schnetz 142 / Christian Schnur 55 / Stiftung Stadtmuseum Berlin: kranichphoto 63 / Foto S. 114 aus: Richard Serra *Intersection* Basel, Hrsg. M. Schwander. – Basel u.a.: Christoph Merian 1996 / Foto S. 116 aus: Borromini. Architekt im barocken Rom, Hrsg. R. Bösel, Ch. L. Frommel. – Milano: Electa 2000

Akademie der Künste, Berlin

Akademie-Fenster 7 erscheint zur Ausstellung **Harmonie bleibt Utopie.**
Herbert Wernicke – Regisseur und Bühnenbildner
29. Januar bis 26. März 2006, Dienstag bis Sonntag 11.00 bis 20.00 Uhr in der
Akademie der Künste, Archiv-Kabinett, Pariser Platz 4, 10117 Berlin-Mitte

Katalog

Konzeption und Redaktion
Ilse Kobán
Mitarbeit Andrea Rolz

Digitalisierung und Fotobearbeitung
Jürgen Wittneben, Katharina Löbbert

Lektorat
Julia Bernhard, Barbara Voigt

Gestaltung
ⓢ sans serif, Berlin
Umschlaggestaltung unter Verwendung
eines Fotos von Peter Schnetz:
Szene aus *¡Ay amor!* von Manuel de Falla
mit Desirée Meiser, Basel 1995

Gesamtherstellung
Medialis Offsetdruck GmbH, Berlin
© 2006 Akademie der Künste, Berlin,
sowie bei den Autoren und
den Fotografen
ISBN 3-88331-094-8

Ausstellung

Konzeption
Ilse Kobán, Andrea Rolz

Restauratorische Betreuung
Volker Busch

Ausstellungsgestaltung und Realisation
Simone Schmaus, Jörg Scheil,
Ingrid Strey, Isabel Schlenther

Ausstellungstechnik
Reinhard Pusch, Uwe Ziegenhagen,
Bert Günther, Frank Kwiatkowski

Danksagung
Für die Bereitstellung von Exponaten,
die Erteilung von Genehmigungen
und sonstige Unterstützung danken
wir Autoren, Fotografen und Theatern
sowie Renate Fabriz, Desirée Meiser-
Wernicke, Albrecht Puhlmann, Frank
Sellentin, Eva-Mareike Uhlig, Xavier
Zuber, dem Archiv der Salzburger Fest-
spiele, dem Archiv der Deutschen
Staatsoper, Berlin, dem Deutschen
Theatermuseum München, der Stiftung
Stadtmuseum Berlin und ⓢ sans serif.

In der Reihe Akademie-Fenster erschienen bisher:

Akademie-Fenster 1
Schadows Berlin. Zeichnungen von Johann Gottfried Schadow
ISBN 3-88331-035-2

Akademie-Fenster 2
»Ein Freund, ein guter Freund«. Der Komponist Werner Richard Heymann (1896–1961)
ISBN 3-88331-037-9

Akademie-Fenster 3
»Unerbittlich das Richtige zeigend«. Helene Weigel (1900–1971)
ISBN 3-88331-040-9

Akademie-Fenster 4
Daniel Chodowieckis Reise von Berlin nach Danzig im Jahre 1773
Daniela Chodowieckiego podróż Berlina do Gdańska w 1773 roku
ISBN 3-88331-054-9

Akademie-Fenster 5
Die Kortner-Hofer-Künstler-GmbH. Fritz Kortner (1892–1970) und Johanna Hofer (1896–1988)
ISBN 3-88331-066-2

Akademie-Fenster 6
Schadow in Rom. Zeichnungen von Johann Gottfried Schadow aus den Jahren 1785 bis 1787
Schadow a Roma. Disegni di Johann Gottfried Schadow dal 1785 al 1787
ISBN 3-88331-075-1